Boris Ehret   Marthe Lescourret

Jeanne Barret

Exploratrice et botaniste

*La première femme qui a fait le tour
du monde.*

Texte en Français facile – Niveau B1

FSC
www.fsc.org
MIX
Papier aus ver-
antwortungsvollen
Quellen
Paper from
responsible sources
FSC® C105338

Bibliografische Information der Deutschen Nationalbibliothek: Die Deutsche Nationalbibliothek verzeichnet diese Publikation in der Deutschen Nationalbibliografie; detaillierte bibliografische Daten sind im Internet über http://dnb.dnb.de abrufbar.

Die automatisierte Analyse des Werkes, um daraus Informationen insbesondere über Muster, Trends und Korrelationen gemäss §44b UrhG („Text und Data Mining") zu gewinnen, ist untersagt.

© 2025 Boris Ehret - Marthe Lescourret

Verlag: BoD · Books on Demand GmbH, Überseering 33, 22297 Hamburg, bod@bod.de
Druck: Libri Plureos GmbH, Friedensallee 273, 22763 Hamburg

ISBN: 978-3-7693-5294-8

Table des matières

Prologue : Une Femme extraordinaire
L'incroyable voyage de Jeanne Barret

Comment une simple villageoise[1] est-elle devenue la première femme connue à faire le tour du globe ? L'histoire de Jeanne commence comme celle de beaucoup d'autres femmes de son époque, mais prend un tournant incroyable lorsqu'elle rencontre Philibert Commerson, un naturaliste[2] passionné. Jeanne décide alors de se déguiser en homme pour participer à l'une des plus grandes expéditions[3] maritimes de son temps. Elle décide de tout risquer pour saisir cette opportunité unique.

À cette époque, les océans étaient encore largement inexplorés, les cartes souvent incomplètes, et la science commençait à peine à découvrir et à classer les plantes et les animaux. Les voyages maritimes étaient remplis d'incertitudes[4] et de dangers, depuis les tempêtes[5] violentes jusqu'aux maladies, sans parler des longues semaines passées loin de la terre ferme. Jeanne choisit de se lancer dans cette aventure, malgré tous les risques. Elle embarque sur un bateau appelé l'Étoile, qui fait partie de l'expédition du célèbre navigateur Louis-Antoine de Bougainville. Pour pouvoir partir, elle se fait passer pour un homme et prend le nom de "Jean Barret".

Le déguisement[6] de Jeanne n'était pas seulement un acte de folie, mais aussi une manière de prouver que les femmes étaient capables de faire bien plus que ce que la société leur permettait. Pendant l'expédition, Jeanne vivait dans la peur

---

[1] Une villageoise : Une femme qui habite dans un village.

[2] Un naturaliste : Une personne qui étudie la nature, comme les plantes, les animaux ou les minéraux.

[3] Une expédition : Un voyage organisé dans un but scientifique, culturel ou d'exploration.

[4] Une incertitude : Une situation où l'on ne sait pas ce qui va se passer ou où l'on doute de quelque chose.

[5] Une tempête : Un mauvais temps avec beaucoup de vent, de pluie et parfois des éclairs.

[6] Un déguisement : Le fait de porter des vêtements pour changer son apparence.

constante d'être démasquée[7], mais cela ne l'a pas empêché d'effectuer son travail avec passion et rigueur.

Un voyage de découvertes

Cette histoire vous invite à suivre les pas de Jeanne : des collines de Bourgogne aux plages de Tahiti, des tempêtes de l'Atlantique aux rencontres avec les habitants des îles lointaines. Chaque escale[8] était une nouvelle opportunité pour Jeanne de découvrir des plantes inconnues et de documenter la richesse de la flore[9] exotique. Ce voyage, plus qu'une simple expédition, est une histoire de courage, de curiosité sans fin, et d'un esprit pionnier[10]. Jeanne a prouvé que, malgré les obstacles et les limitations de son époque, une femme pouvait accomplir des choses extraordinaires. À travers son histoire, nous voyons que la volonté de découvrir et d'apprendre peut nous emmener bien plus loin que ce que nous aurions pu imaginer.

Audiobook   Kahoot

---

[7] Démasquer : Quand on découvre l'identité ou le secret de quelqu'un qui se cachait.

[8] Une escale : Un arrêt que fait un bateau ou un avion pendant un voyage avant de continuer vers sa destination finale.

[9] La flore : Les plantes d'une région.

[10] Pionnier, pionnière : Qui est la première à explorer ou à réaliser quelque chose de nouveau.

Bougainvillea est un genre d'arbustes de la famille des Nyctaginaceae. Philibert Commerson ainsi que sa collaboratrice et compagne Jeanne Barret, ont été les premiers botanistes à décrire et nommer un spécimen de ce genre, récolté au Brésil lors de l'expédition autour du monde dirigée par l'explorateur Louis Antoine de Bougainville.

Les femmes au XVIIIe siècle

Au XVIIIe siècle, la vie des femmes était bien différente de celle d'aujourd'hui. Découvrons ensemble leur quotidien à travers plusieurs aspects clés.

Rôle dans la famille

La famille était au centre de la vie des femmes. Elles étaient responsables de l'éducation des enfants, de la préparation des repas et de l'entretien de la maison. Les décisions importantes étaient généralement prises par les hommes, mais les femmes jouaient un rôle essentiel dans le bon fonctionnement du foyer.

Nombre d'enfants

Les familles étaient généralement nombreuses, avec souvent 5 à 10 enfants. Cependant, la mortalité infantile était élevée, et beaucoup d'enfants ne survivaient pas au-delà de la petite enfance. Les femmes passaient une grande partie de leur vie adulte enceintes ou à s'occuper de jeunes enfants.

Alphabétisation

À cette époque, peu de femmes savaient lire et écrire. L'éducation était surtout réservée aux garçons. Les filles apprenaient principalement les tâches ménagères pour devenir de bonnes épouses et mères. Cependant, certaines femmes de familles riches pouvaient recevoir une éducation privée et apprendre à lire et à écrire.

Possibilités de travail

Les femmes avaient peu d'opportunités professionnelles. La plupart travaillaient à la maison, s'occupant du ménage, de la cuisine et des enfants. Dans les familles paysannes, elles participaient aux travaux agricoles. Quelques-unes exerçaient des métiers comme couturière, domestique ou vendeuse sur les marchés. Les femmes nobles, quant à elles, géraient souvent le personnel de leur domaine.

Voyages

Les voyages étaient rares pour la plupart des femmes. Les déplacements se limitaient souvent aux environs du village ou de la ville. Seules les femmes nobles ou bourgeoises pouvaient voyager sur de plus longues distances, généralement accompagnées d'un chaperon. Les voyages étaient lents et coûteux, ce qui les rendait inaccessibles à la majorité.

Espérance de vie

L'espérance de vie au XVIIIe siècle était plus courte qu'aujourd'hui, souvent autour de 35 à 40 ans. Les conditions de vie difficiles, les maladies et le manque de soins médicaux contribuaient à cette faible longévité. Les femmes étaient particulièrement vulnérables en raison des risques liés aux grossesses et aux accouchements.

En résumé, la vie des femmes au XVIIIe siècle était centrée sur la famille et le foyer, avec peu d'opportunités d'éducation ou de travail en dehors de la maison. Malgré les défis, elles jouaient un rôle crucial dans la société de l'époque.

Audiobook

Compréhension de texte – cochez la bonne réponse :

1. Quel était le rôle principal des femmes dans la famille au XVIIIe siècle ?
a) Elles prenaient toutes les décisions importantes.
b) Elles étaient responsables de l'éducation des enfants et des tâches domestiques.
c) Elles travaillaient principalement en dehors du foyer.
d) Elles ne participaient pas à la vie familiale.

2. Pourquoi les familles avaient-elles souvent 5 à 10 enfants ?
a) Parce que les femmes avaient plus de temps libre.
b) Parce que la société imposait un nombre minimum d'enfants.
c) Parce que la mortalité infantile était élevée.
d) Parce que les femmes n'avaient pas d'autres occupations.

3. Qui avait généralement accès à l'éducation parmi les femmes ?
a) Toutes les filles dès leur plus jeune âge.
b) Seules les femmes paysannes.
c) Uniquement les femmes mariées.
d) Les femmes de familles riches.

4. Quel était le principal obstacle aux voyages pour la majorité des femmes ?
a) Le manque de moyens financiers et la lenteur des déplacements.
b) L'interdiction stricte de voyager imposée par la loi.
c) L'absence de routes praticables.
d) La peur des attaques de bandits.

5. Dans quel domaine les femmes travaillaient-elles le plus souvent ?
a) Dans les champs et à la maison.
b) Dans les universités et les écoles.
c) Dans l'armée et la politique.
d) Dans les industries et les bureaux.

6. Quelle était l'espérance de vie moyenne des femmes au XVIIIe siècle ?
a) 25 à 30 ans.
b) 35 à 40 ans.
c) 50 à 60 ans.
d) Plus de 70 ans.

Chapitre 1 : Jeanne en Bourgogne
Une enfance difficile

La Comelle, un petit village de Bourgogne, en 1740. C'est là que commence l'histoire de Jeanne Barret. Ses parents, Jean et Jeanne, travaillent très dur pour survivre, mais ils sont pauvres et ont du mal à joindre les deux bouts[11].

"Jeanne, va chercher de l'eau au puits", dit sa mère, épuisée après une longue journée de travail. La petite fille de huit ans prend le seau et court vers le puits. En chemin, elle s'arrête pour regarder une plante aux fleurs violettes qui pousse entre les pierres.

"Maman, regarde ! Cette plante, elle aide à guérir le mal de ventre, n'est-ce pas ?" demande Jeanne en rentrant.

Sa mère sourit, touchée par la curiosité de sa fille. "Oui, c'est de la mauve. Tu as une bonne mémoire, ma petite. Les plantes sont nos amies, elles peuvent nous aider quand nous sommes malades."

La vie est dure pour la famille Barret. Le père travaille dans les champs du matin au soir, penché sous le soleil brûlant ou grelottant de froid. La mère fait la lessive pour les familles plus riches, ses mains souffrent à cause de l'eau froide et du savon rugueux.

Puis un drame survient : la mère de Jeanne tombe malade. Malgré toutes les tisanes et les remèdes[12] aux plantes qu'elle connaît si bien, elle ne se rétablit pas. Jeanne a moins de dix ans quand elle perd sa mère, et peu de temps après, son père disparaît aussi. Jeanne est maintenant orpheline[13].

Jeanne est recueillie par sa grande sœur et son beau-frère. Elle doit s'adapter à une nouvelle vie. Le travail est dur : elle doit s'occuper des enfants, aider aux champs et faire le

---

[11] Joindre les deux bouts : réussir à avoir assez d'argent pour payer toutes ses dépenses.

[12] Un remède : Une substance ou une méthode utilisée pour soigner une maladie ou un problème de santé.

[13] Un orphelin, une orpheline : Un enfant dont les parents sont décédés.

ménage. Mais malgré tout, Jeanne trouve du temps pour observer la nature.

"Pourquoi cette plante pousse-t-elle ici et pas là-bas ?" se demande-t-elle souvent. "Comment les fleurs savent-elles quand c'est le bon moment pour s'ouvrir ?"

La rencontre qui change tout

En 1752, quand Jeanne a douze ans, un nouvel habitant s'installe au village. Samuel Glardon, un herboriste[14] suisse, arrive avec ses livres et ses outils étranges.

"Qu'est-ce que c'est ?" demande Jeanne en pointant du doigt un objet posé sur la table de Glardon.

"C'est une loupe[15]", répond-il avec un sourire gentil. "Elle sert à voir les détails des plantes qu'on ne peut pas voir à l'œil nu[16]. Tu veux essayer ?"

Jeanne prend doucement l'instrument. À travers la loupe, les pétales[17] d'une fleur montrent des détails incroyables : de petits poils, des motifs qu'elle n'avait jamais vus.

"C'est incroyable !" s'exclame-t-elle. "On dirait un autre monde..."

"C'est exactement ça", répond Glardon. "La botanique, c'est découvrir ces mondes cachés. Chaque plante a des secrets, et il faut savoir observer pour les comprendre."

L'apprentissage

Glardon devient le mentor[18] de Jeanne. Il lui apprend comment créer un herbier[19], comment sécher les plantes correctement, et comment noter leurs caractéristiques.

---

[14] Un herboriste : Une personne qui connaît et utilise des plantes pour soigner les personnes.

[15] Une loupe: Un objet qui permet de voir les choses en plus grand.

[16] Voir à l'œil nu : voir quelque chose sans utiliser d'instrument.

[17] Un pétale : Une des parties colorées d'une fleur.

[18] Un mentor : Une personne qui guide et enseigne à quelqu'un.

[19] Une collection de plantes séchées et pressées, utilisée pour l'étude ou la décoration.

"Pour être une bonne herboriste", explique-t-il, "il faut être organisée. Observer, classer, et documenter. C'est comme ça qu'on apprend vraiment à connaître les plantes."
Jeanne écoute avec beaucoup d'attention. Elle apprend que certaines plantes peuvent faire baisser la fièvre, d'autres soigner les blessures. Elle comprend l'importance d'être précise : la bonne dose, le bon moment pour récolter, la bonne méthode de préparation.
"Tu as un don", lui dit un jour Glardon. "Tu remarques des choses que les autres ne voient pas."

Le début d'un rêve

Un soir, quand elle range les outils de Glardon, Jeanne trouve un livre avec des dessins de plantes étranges qui proviennent de pays lointains.
"Ce sont des plantes des Indes[20]", explique Glardon. "Des botanistes[21] voyageurs les ont découvertes et dessinées."
Les yeux de Jeanne s'illuminent. Des botanistes voyageurs ? Une idée commence à germer[22] dans son esprit, un rêve prend forme. Mais comment une fille pauvre de Bourgogne pourrait-elle devenir botaniste ? À cette époque, les femmes n'ont pas le droit d'étudier dans les Universités. Pourtant, Jeanne sent au fond d'elle-même que sa vie ne sera pas ordinaire.
Ce soir-là, pendant qu'elle regarde les étoiles, elle se fait une promesse : un jour, elle aussi explorera le monde et découvrira des plantes inconnues. Elle ne sait pas encore comment, mais elle trouvera certainement un moyen.
La nuit tombe sur La Comelle, mais dans le cœur de Jeanne, une lumière s'est allumée. Que lui réserve l'avenir ? Comment une simple fille de la campagne pourra-t-elle réaliser ses rêves dans un monde qui ne lui laisse pas beaucoup de place ?

---

[20] Les Indes : Le sous-continent indien ou d'autres pays asiatiques.
[21] Un botaniste: Une personne qui étudie les plantes.
[22] Germer: Commencer à se développer.

Audiobook

Kahoot

Pour en savoir plus

La Bourgogne au XVIIIe siècle

Imagine une région française où les vignes s'étendent à perte de vue, où les châteaux majestueux racontent mille histoires, et où la vie est rythmée par les saisons. Bienvenue en Bourgogne du XVIIIe siècle !

À cette époque, Dijon est le cœur battant de la région. C'est une ville animée où les nobles et les bourgeois se promènent dans les rues pavées. Le Palais des Ducs, magnifique bâtiment au centre de la ville, accueille le Parlement de Bourgogne. Les juges y portent de longues robes noires et prennent des décisions importantes pour toute la région.

Dans les campagnes bourguignonnes, la vie est bien différente ! Les paysans travaillent dur dans les champs et les vignobles. Ils cultivent le blé, l'orge et bien sûr, le raisin. Les vendanges sont un moment très important : tout le monde participe, des plus jeunes aux plus âgés. C'est une vraie fête ! Les monastères jouent aussi un rôle central. Les moines sont de vrais experts du vin ! Ils améliorent les techniques de

14

vinification et créent certains des meilleurs vins de France. Le plus célèbre est celui de Cîteaux, où les moines cisterciens travaillent avec passion.

La gastronomie bourguignonne est déjà réputée. Les marchés sont remplis de produits locaux : fromages, pain frais, moutarde de Dijon (eh oui, elle existait déjà !), et les fameux escargots.

Le commerce est florissant grâce aux routes qui relient la Bourgogne à Paris et Lyon. Les marchands voyagent de ville en ville, transportant des tonneaux de vin, des tissus et des épices. Les auberges le long des routes accueillent les voyageurs fatigués avec un bon repas chaud.

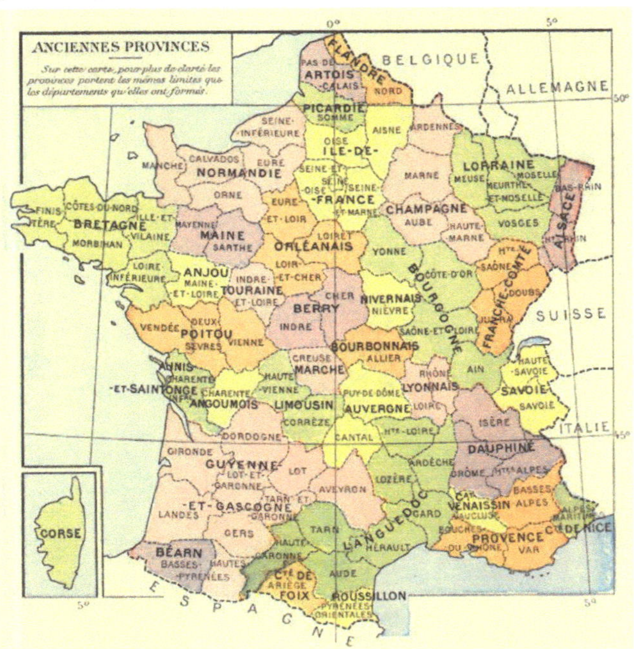

Les fêtes populaires rythment l'année : la Saint-Vincent (patron des vignerons), les foires agricoles, et les festivals de musique où l'on danse au son des vielles et des cornemuses.

Malgré les différences sociales entre nobles et paysans, la Bourgogne du XVIIIe siècle est une région dynamique où se mêlent traditions viticoles, culture gastronomique et vie artistique. C'est une période passionnante qui a laissé des traces encore visibles aujourd'hui dans les monuments, les vignobles et les traditions bourguignonnes.

Jeu de vocabulaire

Jeu de syntaxe

Les temps du passé : le passé composé et l'imparfait

Ici vous pouvez répéter la théorie ➡️ 

Exercice 1 : Complétez avec l'imparfait ou le passé composé

Mettez les verbes entre parenthèses à l'imparfait ou au passé composé selon le contexte.

1. Jeanne _______________ (vivre) dans un petit village de Bourgogne.

2. Un jour, elle _______________ (rencontrer) Samuel Glardon.

3. Sa mère lui _______________ (expliquer) souvent l'usage des plantes.

4. Un soir, elle _______________ (trouver) un livre avec des dessins de plantes exotiques.

5. À cette époque, les femmes ne _______________ (pouvoir) pas étudier dans les universités.

6. Pendant que Jeanne _______________ (regarder) les étoiles, une idée _______________ (germer) dans son esprit.

7. Jeanne _______________ (avoir) huit ans quand elle _______________ (perdre) sa mère.

8. Glardon lui _______________ (montrer) comment créer un herbier et noter les caractéristiques des plantes.

Exercice 2 : Transformez les phrases au bon temps

Remplacez les verbes au présent par l'imparfait ou le passé composé selon le sens.

1. Jeanne **s'intéresse** aux plantes depuis son enfance.

    → Jeanne _______________

2. Sa mère **prépare** souvent des tisanes médicinales.

    → Sa mère _______________

3. Un jour, Jeanne **rencontre** un herboriste.

    → Un jour, Jeanne _______________

4. Il lui **montre** comment classer les plantes.

    → Il lui _______________

5. Jeanne **prend** la loupe et **découvre** des détails incroyables.

    → Jeanne _______________ et _______________

Exercice 3 : Reformulez les phrases en changeant de temps

Transformez les phrases à l'imparfait en passé composé et inversement.

1. Jeanne observait les plantes chaque jour.

   → Jeanne ______________ une plante rare hier.

2. Un jour, elle a rencontré Samuel Glardon.

   → Quand elle était enfant, elle ______________ souvent des herboristes.

3. Sa mère lui expliquait toujours les bienfaits des plantes.

   → Une fois, elle lui ________________ un remède miracle.

4. Jeanne trouvait fascinant le monde des plantes.

   → Elle ________________ une nouvelle espèce dans un vieux livre.

5. Chaque soir, elle regardait les étoiles.

   → Un soir, elle ________________ une étoile filante.

Exercice 4 : Remettez le texte au bon temps

*Mettez les verbes entre parenthèses à **l'imparfait** ou au **passé composé**, selon le contexte.*

Jeanne Barret _______________(grandir) dans un petit village où la vie _______________ (être) difficile. Chaque jour, elle _______________ (aider) sa famille et _______________ (apprendre) à reconnaître les plantes médicinales.

Un jour, un herboriste suisse _______________ (arriver) au village. Il _______________ (avoir) des livres et des instruments étranges. Jeanne, curieuse, _______________ (s'approcher) et lui _______________ (poser) des questions. L'herboriste lui _______________ (montrer) une loupe et elle _______________ (voir) pour la première fois les détails cachés des plantes.

À partir de ce jour-là, Jeanne _______________ (observer) la nature avec encore plus d'attention. Elle _______________ (passer) des heures à dessiner les plantes et à noter leurs particularités.

Mais un soir, alors qu'elle _______________ (ranger) les outils de l'herboriste, elle _______________ (trouver) un livre sur les plantes des pays lointains. Ce jour-là, elle _______________ (comprendre) qu'elle _______________ (vouloir) explorer le monde et découvrir de nouvelles espèces.

Activité orale : Présentez une plante

Consigne :
Apportez une plante (une fleur, une feuille ou autre plante de votre choix) en classe. Observez-la attentivement et prenez quelques notes sur ses caractéristiques principales (couleur, forme, taille, odeur, etc.). Vous allez ensuite présenter oralement votre plante à vos camarades. Décrivez clairement votre plante en utilisant vos notes.

Modalités :
Présentation devant toute la classe ou en petits groupes (2-3 élèves).
Durée de la présentation : environ 2-3 minutes par personne.

Chapitre 2 : Une rencontre qui change tout

L'arrivée chez Philibert Commerson
Toulon-sur-Arroux, 1762. Jeanne, qui a vingt-deux ans, arrive devant la maison du docteur Philibert Commerson. Elle vient de commencer un nouveau travail comme gouvernante[23] et nourrice[24] pour son fils, le petit Archambaud.
"Entre", dit une voix distraite qui vient d'une pièce pleine de livres et de plantes séchées.
Quand Jeanne entre, elle découvre un endroit incroyable : il y a des étagères[25] pleines de vieux livres, des bocaux[26] étranges qui contiennent des spécimens bizarres, et des outils scientifiques qu'elle n'avait jamais vus avant. L'odeur des plantes séchées lui rappelle les leçons qu'elle a eues avec Glardon, un herboriste. Chaque objet semble avoir sa propre histoire et Jeanne est fascinée par tout ce qu'elle voit.
"Tu es la nouvelle gouvernante ?" demande Commerson qui lève à peine les yeux de son microscope. "J'espère que le désordre ne te dérange pas. La science, c'est souvent un peu... envahissant."
Jeanne sourit timidement. "Non, cela ne me dérange pas, monsieur. J'aime bien travailler dans une maison où on peut faire toute sorte de découvertes."

Une passion partagée
Un matin, alors qu'elle nettoie le cabinet, Jeanne ne peut s'empêcher de corriger l'étiquette d'une plante mal identifiée. Commerson la surprend.

---

[23] Une gouvernante : Une femme qui s'occupe de la gestion d'une maison et de l'éducation des enfants.
[24] Une nourrice : Une personne qui s'occupe des bébés ou des jeunes enfants.
[25] Une étagère : Une planche fixée au mur ou dans un meuble, utilisée pour poser des objets.
[26] Un bocal : Un récipient en verre utilisé pour conserver des aliments ou des objets.

"Comment sais-tu que c'est une digitale pourpre et non une digitale jaune ?" demande-t-il, intrigué.

"Les feuilles sont différentes", explique Jeanne. "Regardez les nervures[27] et les bords dentelés[28]. La tige a aussi de petits poils caractéristiques."

Commerson la regarde avec plus de respect. "Tu t'y connais en botanique ?"

"J'ai appris avec un herboriste suisse, monsieur Glardon. Il m'a montré comment observer et classer[29] les plantes."

Commerson semble impressionné. "Peut-être pourrais-tu m'aider à classer cette nouvelle collection de spécimens[30] que j'ai ramenée de mon dernier voyage. J'ai besoin d'une personne observatrice comme toi."

Jeanne hoche la tête, ravie. "Je ferai de mon mieux, monsieur. J'adore ça."

L'apprentissage continue

Dès ce jour, leur relation change. Commerson commence à lui apprendre des choses sur les dernières découvertes en botanique.

"Regarde", dit-il en lui montrant un livre. "C'est le nouveau système de classification de Linné. Il classe les plantes selon leurs organes reproducteurs. C'est révolutionnaire !"

Jeanne regarde les illustrations. "C'est très logique ! Donc, ces plantes qui semblent différentes font en fait partie de la même famille ?"

"Exactement ! La science nous aide à comprendre les liens cachés dans la nature."

---

[27] Une nervure : Une ligne visible sur une feuille.

[28] Dentelé, dentelée : Qui a des bords en forme de petites pointes ou irréguliers.

[29] Classer : Ranger ou organiser des objets ou des informations dans un certain ordre.

[30] Un spécimen : Un exemple ou un modèle d'une plante, d'un animal ou d'un objet utilisé pour l'étude scientifique.

Pendant leurs sorties pour collecter des plantes, Jeanne impressionne souvent Commerson par sa connaissance du terrain.

"Cette mousse [31] n'apparaît qu'au printemps", dit-elle en montrant une pierre humide. "Et là-bas, derrière ces arbres, il y a sûrement des champignons[32] rares."

Une collaboration discrète

Les gens de la petite ville commencent à parler. Une simple gouvernante qui passe tout son temps avec un veuf respectable ? Les rumeurs [33] vont bon train. On parle de leurs longues sorties et des soirées passées tard dans la nuit à la lueur des chandelles.

Pour protéger leur réputation, Jeanne prend un autre nom : "Jeanne de Bonnefoi". Mais cela ne les arrête pas dans leur travail scientifique. Ensemble, ils créent des herbiers détaillés, étudient les propriétés des plantes locales, et échangent leurs observations. Jeanne commence même à développer ses propres idées sur les propriétés médicinales de certaines plantes et note leurs effets après les avoir testées sur de petits maux du quotidien.

"La botanique ne fait pas de différence entre les hommes et les femmes", dit un jour Commerson. "Ce qui compte, c'est d'avoir un esprit curieux et attentif."

Ces mots réconfortent Jeanne. Pour elle, cela prouve que son travail et ses connaissances sont importants, même si elle est une femme dans une époque difficile.

---

[31] Une mousse : Une petite plante verte qui pousse souvent dans des endroits humides, sur les rochers, les arbres ou le sol.

[32] Un champignon : Un organisme qui pousse dans des endroits humides, parfois utilisé comme aliment.

[33] Une rumeur : Une information souvent fausse ou non confirmée qui circule parmi les gens.

L'opportunité d'une vie

En 1765, une lettre change tout. Louis-Antoine de Bougainville prépare une expédition autour du monde et cherche un
botaniste.

"C'est une chance incroyable", dit Commerson après avoir lu
la lettre. "Imagine toutes ces plantes inconnues qui n'attendent qu'à être découvertes !" Ses yeux brillent d'excitation,
mais Jeanne voit qu'il a l'air fatigué et malade.

La santé de Commerson est fragile. Il ne pourra pas faire ce
voyage sans aide. Alors une idée folle lui vient à l'esprit.

"Jeanne", dit-il après un long moment. "Et si tu venais avec
moi ?"

"Mais... les femmes ne sont pas autorisées sur les navires de
la marine royale", répond-elle.

"Oui, les femmes ne le sont pas. Mais les valets[34], si..."

Jeanne comprend tout de suite. C'est risqué, c'est fou, c'est
probablement illégal. Mais c'est aussi la chance de sa vie. Elle
pense à toutes les plantes qu'elle pourrait voir, à tous les pays
lointains qu'elle pourrait explorer.

"Quand partons-nous ?" demande-t-elle simplement avec le
cœur qui bat très fort.

Commerson sourit, soulagé. "Nous devons nous préparer sé-
rieusement. Le voyage sera long et difficile. Mais ensemble,
je suis sûr que nous pourrons réussir."

Les semaines suivantes sont remplies de préparatifs. Jeanne
apprend à marcher, parler, et se comporter comme un
homme. Elle s'entraîne à utiliser les instruments scientifiques
et porte des vêtements masculins. La première fois qu'elle
porte un pantalon, elle se sent un peu gênée, mais aussi libre.
Elle doit non seulement changer son apparence, mais aussi
sa façon de bouger, sa voix, sa posture.

"Le plus important", explique Commerson, "c'est de paraître
naturel. Tu seras Jean Baré, mon assistant. Tu connais déjà la
botanique, maintenant il faut juste... ajuster l'apparence."

---

[34] Un valet : Un homme qui travaille comme domestique ou assistant
personnel.

Tous les jours, Jeanne pratique devant un miroir, prête attention à chaque détail et essaie de rendre son déguisement parfait. Parfois, elle est pleine de doutes. Vont-ils vraiment réussir à tromper tout l'équipage[35] pendant tout le voyage ?
Et si leur secret était découvert, que se passerait-il ?
Un soir, alors qu'ils préparent le matériel pour l'expédition, Jeanne partage ses inquiétudes avec Commerson.
"Et si on nous découvrait ? Et si je mettais en danger l'expédition juste parce que je suis là ?"
Commerson pose une main rassurante sur son épaule. "Jeanne, tu es essentielle à cette mission. Sans toi, je ne pourrais pas partir. Tu es bien plus qu'une assistante, tu es une vraie botaniste. Ensemble, nous ferons quelque chose d'extraordinaire."
Les préparatifs continuent avec intensité. Ils doivent préparer non seulement leurs instruments et échantillons, mais aussi se préparer mentalement aux longues journées en mer et à l'incertitude de ce qui les attend. Jeanne sait que, malgré les risques, cette aventure sera l'opportunité de sa vie, celle de montrer que la passion et la science n'ont pas de limites.

Audiobook

Kahoot

---

[35] Un équipage : Les personnes qui travaillent sur un bateau ou un avion.

Philibert Commerson : Le botaniste explorateur

Philibert Commerson, c'est un aventurier des plantes ! Né en 1727 en France, il adore la nature dès son enfance. Il étudie la médecine, mais ce qu'il aime vraiment, ce sont les plantes. Il devient **botaniste**, un scientifique qui étudie les plantes.

Un voyage extraordinaire

En 1766, il embarque avec l'explorateur Bougainville pour faire le tour du monde. À l'époque, partir en expédition, c'est risqué : tempêtes, maladies, pirates... Mais Philibert est prêt à tout pour découvrir de nouvelles plantes !

Des découvertes fascinantes

Commerson explore le Brésil, Madagascar, Tahiti... Il collecte des milliers de plantes jamais étudiées en Europe. Parmi ses trouvailles les plus célèbres :

- Le bougainvillier, une magnifique plante violette qu'il nomme en l'honneur de Bougainville.
- Le combava, un petit agrume au parfum intense.
- De nombreuses plantes de l'Île Maurice et de Madagascar.

Malheureusement, Philibert ne rentrera jamais en France. Il meurt en 1773 sur l'île Maurice. Mais son travail continue d'inspirer les botanistes du monde entier !

Aujourd'hui, grâce à lui, nous connaissons mieux la richesse des plantes de notre planète. Alors, la prochaine fois que tu verras un bougainvillier, pense à Philibert Commerson, le botaniste explorateur !

Audiobook

Activité orale : Débat - Faut-il cacher ses talents ?

Consigne :
En petits groupes, discutez des questions suivantes : Jeanne Barret a caché ses compétences et sa véritable identité lors de son voyage.
- Pensez-vous qu'elle a bien fait de rester discrète ou aurait-elle dû montrer ouvertement ses talents dès le début ?
- Pourquoi a-t-elle fait ce choix selon vous ?
- Pensez à la situation des femmes à son époque pour expliquer son comportement.
- Préparez quelques arguments ensemble, puis présentez votre opinion à la classe lors d'un débat.

Modalités :
- Travail en petits groupes (3-4 élèves) pour préparer le débat.
- Chaque groupe expose ensuite ses idées devant la classe.
- Durée : 10-15 minutes de préparation, 2-3 minutes d'intervention par groupe.

La Marine Française et les femmes

Aujourd'hui, on plonge dans une histoire incroyable qui va vous surprendre.

Une règle étrange de 1689

Imaginez-vous au XVIIIe siècle : le roi Louis XIV vient de créer une loi super bizarre. Les femmes ? Interdites sur les bateaux ! Mais pourquoi ?

Les marins de l'époque avaient des idées un peu folles :

- Ils pensaient que les femmes portaient malheur aux navires
- Ils croyaient qu'elles attiraient les sirènes (oui, oui, vraiment !)
- Les capitaines craignaient que leur présence crée des disputes entre marins

Mais la vraie raison derrière l'interdiction n'était pas magique... mais pratique !

- Les voyages duraient des mois, dans des espaces minuscules.
- Les tensions entre hommes pouvaient exploser.
- Les femmes étaient des boucs émissaires idéaux pour expliquer les échecs

L'histoire de Louise et du Capitaine

En 1772, une histoire d'amour a secoué toute la Marine française ! Le capitaine Kerguelen avait décidé d'emmener en secret sa copine Louise, qui n'avait que 15 ans. Comment ? En la déguisant en garçon ! Mais leur plan a bientôt été découvert...

Quand on les a découvert :

- Le capitaine a été condamné à 6 ans de prison.
- Il a perdu son travail dans la Marine.
- Tout le monde parlait de ce scandale !

Les héroïnes clandestines

Si Jeanne Barret est la plus connue, d'autres femmes ont risqué l'aventure :

- Jeannette, une Française déguisée en homme sur le navire L'Achille (1805). Lors de la bataille de Trafalgar, elle a survécu à l'explosion du bateau... et a finalement été secourue nue par les Anglais !
- Des épouses de soldats ont été autorisées à suivre leur mari officiellement... mais obligées de travailler comme cuisinières ou infirmières.

La situation aujourd'hui

Bonne nouvelle : depuis 1992, les femmes peuvent enfin travailler dans la Marine française ! Plus besoin de se déguiser ou de se cacher. Maintenant, ce qui compte, ce sont les compétences, pas le genre de la personne.

Aujourd'hui, cette histoire nous fait sourire, mais elle nous rappelle aussi comment les choses ont changé. Les femmes peuvent maintenant devenir capitaines, officières, ou tout ce qu'elles veulent dans la Marine !

Audiobook

Les adjectifs et les adverbes

Ici vous pouvez répéter la théorie ➡️ 

Exercice 1 : L'accords des adjectifs

Complétez les phrases avec la forme correcte de l'adjectif entre parenthèses.

1. Jeanne découvre un endroit _____________ (incroyable) rempli de livres et de plantes séchées.

2. Jeanne est une personne très _____________ (observateur).

3. Commerson est un homme _____________ (curieux) qui aime la botanique.

4. Le voyage sera _____________ (long) et _____________ (difficile), mais ils sont prêts à tenter l'aventure.

5. Jeanne porte des vêtements _____________ (masculin) pour se faire passer pour un homme.

6. Les instruments scientifiques sont _____________ (précis) et demandent beaucoup d'attention.

Exercice 2 : Adjectif ou adverbe ?

Complétez les phrases avec l'adjectif ou l'adverbe correct formé à partir du mot donné.

1. Jeanne regarde les illustrations du livre de Linné. Elle trouve cela ______________ (logique).

2. Jeanne observe ______________ (attentif) les spécimens ramenés par Commerson.

3. Elle parle ______________ (sérieux) de sa passion pour la botanique.

4. Commerson est ______________ (extrême) impressionné par ses connaissances.

5. Jeanne apprend à se comporter ______________ (naturel) comme un homme.

6. Il est ______________ (évident) que Commerson ne peut pas partir sans son assistante.

7. Jeanne travaille ______________ (dur) pour se préparer au voyage.

8. Elle est ______________ (courageux) face aux défis qui l'attendent.

Activité écrite : Jeanne Barret découvre la mer

Consigne :

Imaginez que vous êtes Jeanne Barret et que vous voyez la mer pour la toute première fois. Décrivez vos pensées, vos émotions et vos réactions devant ce spectacle. Utilisez la première personne du singulier (je) pour exprimer clairement vos sensations. Votre texte doit faire environ 100 à 150 mots.

Conseils pour écrire :

- Décrivez les couleurs, les sons, les odeurs et les sensations que vous ressentez.
- Exprimez vos émotions (surprise, joie, peur, admiration...).
- Faites attention à utiliser le passé (passé composé ou imparfait).

Chapitre 3 : La Traversée de l'Atlantique et l'escale
à Montevideo

Les premiers jours en mer
Le 1er février 1767, Jeanne monte à bord de L'Étoile. Elle se
fait passer pour un homme, Jean Baré. Son cœur bat très fort
sous ses vêtements masculins alors qu'elle suit Commerson
sur le pont[36]. Elle a passé des nuits blanches, terrifiée à l'idée
d'être découverte, mais elle est déterminée. Ce voyage est
une chance unique pour participer à une grande expédition
scientifique.
"Voici votre laboratoire", dit le capitaine Chenard de la Girau-
dais en montrant une petite cabine. "Ce n'est pas très grand,
mais vous pourrez y ranger vos instruments et vos collections." Jeanne regarde la petite pièce avec ses étagères ins-
tables[37] qui grincent à chaque mouvement du bateau.
"On devra être bien organisés", murmure-t-elle à Commerson. "Comment allons-nous ranger tout notre matériel dans
si peu de place ?" Elle réfléchit déjà à des solutions pour utiliser l'espace au mieux.

La vie à bord
Les premiers jours sont vraiment difficiles. L'Étoile, qui est
bien trop chargée, tangue dangereusement. Le deuxième bateau de l'expédition, La Boudeuse, est beaucoup plus rapide.
Les marins dorment dans des hamacs[38] suspendus les uns
au-dessus des autres, mais heureusement, Jeanne et Commerson ont leur propre cabine. Le bruit constant du bois qui
craque, des voiles qui claquent et des marins qui crient rend
le sommeil presque impossible. Jeanne est fatiguée, mais elle
garde le moral et ne se plaint pas.

---

[36] Un pont : La surface supérieure d'un bateau où l'on peut marcher.
[37] Instable : Qui bouge ou qui n'est pas bien fixé.
[38] Un hamac : Un lit suspendu en tissu ou en filet, attaché à deux
points.

"Il faut mettre en place un système", dit Commerson entre deux épisodes de mal de mer. Il a du mal à se concentrer alors qu'il essaie de prendre des notes.

"Les spécimens les plus fragiles près de la fenêtre pour les faire sécher, les herbiers sur les étagères du haut pour les protéger de l'humidité..."

Jeanne apprend vite à travailler malgré les secousses du bateau. Elle trouve des idées ingénieuses : des cordes pour maintenir les herbiers, des sacs en toile cirée[39] pour protéger les graines du sel de la mer. Elle fabrique même des filets[40] pour ranger plus de choses et suit une routine stricte pour que tout soit bien sécurisé avant chaque tempête.

Un jour, une grosse tempête frappe le bateau. L'eau s'infiltre partout et menace de détruire leurs instruments. Jeanne, les mains trempées et les cheveux collés au visage, fait de son mieux pour sauver leur travail.

"Vite !" crie Jeanne en voyant l'eau près des herbiers. Elle prend des planches et improvise des supports pour les mettre à l'abri. Pendant que les marins pompent l'eau jour et nuit, Jeanne et Commerson travaillent sans relâche pour tout sauver. Ils utilisent des planches et des toiles cirées pour faire un système de drainage.

"Regarde", dit Jeanne en montrant une algue étrange coincée dans les pompes. "Je n'ai jamais vu cette espèce." Même fatiguée, ses yeux brillent d'intérêt. Dans le chaos, elle reste une botaniste passionnée.

Les découvertes en mer

Malgré les difficultés, chaque jour est une occasion de découvrir de nouvelles choses. Jeanne observe les oiseaux marins, note leurs habitudes et collecte des plantes qui flottent sur l'eau. Elle est fascinée par les goélands[41] qui suivent le

---

[39] Une toile cirée : Un tissu imperméable recouvert d'une couche brillante pour protéger contre l'eau.

[40] Un filet : Une sorte de tissu fait de fils entrecroisés, souvent utilisé pour attraper ou maintenir des objets.

[41] Un goéland : Un grand oiseau marin blanc avec des ailes grises.

bateau et les poissons volants qui sortent de l'eau en éclairs argentés.

"Ces algues sont incroyables", dit-elle à Commerson. "Elles survivent dans l'eau salée, supportent les tempêtes... Comment est-ce possible ?" Ensemble, ils dessinent, classifient et notent leurs découvertes. Leur journal de bord se remplit de croquis et d'observations. Ils notent les courants marins, la salinité[42] de l'eau, et les animaux qu'ils rencontrent. Jeanne passe des heures à regarder la mer, fascinée par la complexité de tout ce qui y vit.

L'arrivée à Montevideo

En mai 1767, après des mois très éprouvants, L'Étoile arrive enfin à Montevideo. La ville est située à l'embouchure[43] du Rio de la Plata, et promet de nouvelles découvertes. Tout l'équipage pousse un grand soupir de soulagement, heureux de retrouver la terre ferme.

"Enfin !" crie un marin quand il saute du bateau. Jeanne, elle, descend plus doucement, savourant la sensation du sol sous ses pieds. Mais pour Jeanne, un nouveau défi commence. Sur terre, il sera plus difficile de cacher qu'elle est une femme. Les regards curieux des habitants et des autres marins sont un risque constant. Elle tire son chapeau plus bas pour éviter d'attirer l'attention.

Les réparations du navire prennent plus de temps que prévu. Ceci donne à Jeanne et à Commerson cinq mois pour explorer les environs. Ils se promènent sur les collines, dans les vallées luxuriantes[44] et le long des rivières.

"Ces plantes sont incroyables", murmure Jeanne qui regarde une fleur qu'elle n'a jamais vue. "Les pétales ont une forme unique. Comment allons-nous la classifier ?"

---

[42] La salinité : La quantité de sel dans l'eau.

[43] Une embouchure : L'endroit où un fleuve se jette dans la mer ou un océan.

[44] Luxuriant, luxuriante : Très dense, avec une végétation abondante.

Commerson sort son carnet. "D'abord, on regarde les étamines[45], comme dans le système de Linné..." Ils s'assoient sur une couverture étalée au sol, entourés de la nature, et dessinent chaque détail. Chaque jour, ils découvrent de nouvelles espèces et de nouvelles curiosités. Jeanne est émerveillée par les couleurs vives des fleurs, les insectes qui volent autour, et l'immensité de la nature qui les entoure.

Chaque expédition est une aventure. Jeanne porte un lourd panier d'osier[46] pour ramasser des spécimens pendant que Commerson prend des notes. Ils doivent traverser des rivières, éviter des animaux sauvages, et parfois parler avec des habitants qui sont méfiants[47].

Un jour, ils découvrent une nouvelle espèce de passiflore[48]. "La structure de cette fleur est unique", s'enthousiasme Commerson. "Ce pourrait être une découverte majeure !" Jeanne sourit en essuyant la sueur de son front. Chaque découverte est une récompense pour tous les risques qu'ils prennent.

Mais la joie des découvertes s'accompagne toujours du stress de devoir se cacher. Jeanne doit toujours faire attention à sa voix, à la façon dont elle se tient et à ses gestes. Le moindre faux pas[49] pourrait révéler son secret et mettre fin à cette incroyable aventure.

Malgré tout, elle sait que tout cela en vaut la peine. Chaque plante collectée, chaque oiseau observé, chaque note est une contribution à la science, un pas de plus vers une meilleure compréhension du monde. Même si les dangers sont toujours présents, Jeanne sait qu'elle ne voudrait jamais renoncer à cette vie d'exploration et de découvertes.

---

[45] Une étamine : La partie d'une fleur qui produit le pollen.

[46] Un panier d'osier : Un panier fabriqué avec des branches fines et flexibles.

[47] Méfiant, méfiante : Qui n'a pas confiance, qui se montre prudent.

[48] Une passiflore : Une plante grimpante avec des fleurs souvent utilisées en médecine ou pour la décoration.

[49] Un faux pas : Une erreur ou un geste maladroit qui peut causer des problèmes.

Audiobook

Kahoot

Plan de Montevideo, 1750

Louis-Antoine de Bougainville : L'aventurier des mers

Un jeune homme passionné

Imaginez un jeune homme fasciné par les voyages et les découvertes... Je vous présente Louis-Antoine de Bougainville, né à Paris en 1729. Mais attention, ce n'est pas un simple rêveur ! Á l'âge de 25 ans, il est déjà mathématicien et soldat.

Mais quelle est sa vraie passion ? L'aventure !

En 1766, il devient le premier Français à entreprendre un tour du

monde en bateau. Son navire s'appelle La Boudeuse, un nom bien choisi pour un explorateur déterminé à poursuivre ses rêves !

Un voyage extraordinaire

Pendant son expédition, Bougainville explore de nombreuses îles magnifiques dans l'océan Pacifique. Il y découvre des paysages somptueux et une faune et une flore exceptionnelles. Parmi ses découvertes, une plante aux fleurs d'un rose éclatant attire son attention. Inconnue en Europe, elle sera plus tard nommée en son honneur : les bougainvillées !

Mais ce n'est pas tout ! Contrairement à certains explorateurs de son époque, Bougainville souhaite comprendre et respecter les peuples qu'il rencontre. Il est curieux de découvrir leurs traditions, leurs coutumes et leurs façons de vivre.

Un explorateur face aux défis
Son voyage n'a pas été de tout repos ! Il a dû affronter :
- Des tempêtes terrifiantes
- Des maladies mystérieuses
- Des défis inattendus

Un jour, son navire s'est presque fracassé contre un énorme récif de corail. Grâce à son sang-froid et à ses compétences de navigateur, il a réussi à sauver son équipage.

Un explorateur célèbre
À son retour en France, Bougainville devient une véritable célébrité ! Tout le monde veut entendre ses récits d'aventures, ses descriptions d'îles paradisiaques et ses rencontres fascinantes. Il écrit un livre sur ses expéditions, qui devient un succès à l'époque.

Même à 70 ans, Bougainville continue d'explorer et de partager ses découvertes.

Alors, la prochaine fois que vous croiserez des bougainvillées, souvenez-vous de cet explorateur courageux et curieux, qui a marqué l'histoire des grandes découvertes !

Audiobook

Compréhension de texte – vrai ou faux ?

	V	F	
1.	O	O	Louis-Antoine de Bougainville est né en 1729 à Marseille.
2.	O	O	Avant de devenir explorateur, Bougainville était mathématicien et soldat.

3.	O	O	La Boudeuse était le nom du navire de Bougainville lors de son tour du monde.
4.	O	O	Bougainville a été le premier Anglais à faire le tour du monde en bateau.
5.	O	O	Pendant l'expédition ils ont découvert une plante aux fleurs roses qui a été nommée en son honneur.
6.	O	O	Bougainville méprisait les peuples qu'il rencontrait et refusait d'en apprendre plus sur eux.
7.	O	O	Pendant son voyage, Bougainville a dû affronter des tempêtes, des maladies et des dangers inattendus.
8.	O	O	Son navire a coulé après avoir percuté un récif de corail.
9.	O	O	À son retour en France, Bougainville est devenu très célèbre.
10.	O	O	Il a écrit un livre sur ses voyages, qui a connu un grand succès.
11.	O	O	Après son tour du monde, Bougainville s'est retiré et n'a plus jamais voyagé.
12.	O	O	Les bougainvillées sont des animaux marins nommés en l'honneur de Bougainville.

Activité orale : Les défis de Jeanne Barret

Consigne :

Répartissez-vous en petits groupes. Chaque groupe reçoit un ou deux défis :

- Les conditions de vie sur le bateau
- Les dangers naturels (tempêtes, maladies, animaux marins...)
- Les relations humaines à bord
- Les difficultés d'orientation (une seule personne connaît la route, lenteur du voyage, risque de se perdre...)
- Etc.

Pour votre défi, réalisez une carte mentale détaillée. Notez plusieurs idées et exemples pour bien expliquer les difficultés rencontrées. Ensuite, chaque groupe présente rapidement sa carte mentale à la classe.

La vie des matelots au XVIIIe siècle : survivre en mer

Imagine-toi sur un grand voilier, il y a 300 ans. Tu es matelot, et ta nouvelle maison est un navire en bois qui tangue sans arrêt. L'aventure commence... mais elle sera loin d'être facile !
Le travail est épuisant. Dès l'aube, tu dois grimper dans les mâts[50] pour ajuster les voiles, même quand la tempête fait rage. Tes mains sont pleines de cals[51] et de coupures à force de tirer sur les cordages. La nuit ? Pas de repos ! Il faut faire des tours de garde pour surveiller l'horizon.
La nourriture est un vrai cauchemar. Ton menu quotidien ? Du biscuit dur comme de la pierre (attention aux dents !), de la viande salée et des pois secs. Les fruits et légumes frais ? Oublie ça ! C'est justement pour ça que le scorbut frappe souvent l'équipage. Cette terrible maladie, causée par le manque de vitamine C, fait tomber les dents et provoque des saignements. Sans citrons ou oranges pour la soigner, beaucoup de marins en meurent.
Les dangers sont partout ! Un faux pas dans les cordages, et c'est la chute mortelle. Une grosse vague peut t'emporter par-dessus bord en quelques secondes. Et si le navire croise des pirates... Il faudra se battre pour ta vie !
L'hygiène ? N'en parlons pas ! Tu dors dans un hamac entassé avec les autres marins. L'air est humide, ça sent mauvais, et les rats courent partout. Les vêtements ne sèchent jamais vraiment, et tu ne te laves presque pas. Les poux[52] deviennent tes nouveaux compagnons de voyage !

---

[50] Un mât : C'est un grand poteau vertical sur un bateau où l'on accroche les voiles. On trouve aussi des mâts pour porter des drapeaux ou des lumières.

[51] Une cale (ou une callosité) : C'est une partie de la peau qui devient dure à force de frotter ou de travailler avec les mains.

[52] Un pou : C'est un petit insecte qui vit dans les cheveux et qui cause des démangeaisons. Les poux se transmettent facilement d'une personne à l'autre, surtout chez les enfants.

*L'**Etoile** (le bateau sur lequel voyageait Jeanne Baret)*
C'était une flûte armée de 20 canons de 6. Elle avait 104
pieds (33,80 m) de long, 27,9 pieds (9,01 m) de large.
A bord il y avait 104 hommes.

Mais il y a aussi des moments plus tranquilles : les chants de marins le soir, les histoires racontées sous les étoiles, et la fierté d'appartenir à un équipage. Sans oublier l'excitation de découvrir des terres lointaines !
La paie ? Elle n'est pas terrible, mais si le voyage se passe bien et que le navire transporte des marchandises précieuses, tu recevras peut-être une petite prime[53]. De quoi faire la fête au port... avant de repartir pour une nouvelle aventure en mer !

Alors, toujours envie d'être marin au XVIIIe siècle ? C'était une vie difficile, mais elle a forgé des légendes et des récits qui nous font encore rêver aujourd'hui !

Audiobook

---

[53] Une prime : C'est une somme d'argent supplémentaire que l'on reçoit en plus du salaire.

1. Quels étaient les principaux dangers auxquels
   les matelots du XVIIIe
   siècle étaient confrontés
   en mer ?

2. Pourquoi le scorbut était-
   il une maladie fréquente
   chez les marins, et
   quelles en étaient les
   conséquences ?

3. Décris les conditions de
   vie et d'hygiène à bord
   d'un navire au XVIIIe
   siècle.

4. Quels étaient les aspects positifs de la vie de matelot
   malgré les nombreuses difficultés ?

5. En quoi le travail des matelots était-il particulièrement
   éprouvant physiquement ?

6. Pourquoi certains marins pouvaient-ils espérer une
   prime à la fin d'un voyage ?

Le futur simple

Ici vous pouvez répéter la théorie ➡️ 

Exercice 1 : Conjuguez les verbes au futur simple
Transformez les verbes entre parenthèses au futur simple.

1. Jeanne (continuer) _______________ son voyage malgré les dangers.

2. L'équipage (arriver) _______________ bientôt à Montevideo.

3. Nous (observer) _______________ les oiseaux marins avec attention.

4. Les marins (se reposer) _______________ après cette longue traversée.

5. Commerson et Jeanne (découvrir) _______________ de nouvelles espèces fascinantes.

6. Vous (apprendre) _______________ à classer les plantes avec précision.

7. Ce bateau (affronter) _______________ encore de nombreuses tempêtes.

8. Jeanne (devoir) _______________ toujours cacher son identité.

9. Tu (voir) _______________ des paysages incroyables lors
de cette expédition.

10. Ils (noter) _______________ leurs observations dans leur
journal de bord.

Exercice 2 : Le futur simple

Transformez les phrases suivantes au futur simple.

1. Jeanne se cache pour ne pas être découverte.

   ____

2. Ils arrivent bientôt à Montevideo.

   ____

3. Nous explorons les environs pendant cinq mois.

   ____

4. Jeanne et Commerson collectent des plantes rares.

   ____

5. Le capitaine montre la cabine aux scientifiques.

   ____

6. Vous rangez les instruments avant la tempête.

   ____

Exercice 3 : Complétez les phrases avec un verbe au futur simple
Choisissez un verbe parmi :
être – partir – étudier – observer – préparer – protéger – noter

1. Lors de la prochaine expédition, nous _______________ de nouveaux spécimens.

2. Jeanne _______________ toujours prudente pour ne pas être découverte.

3. Les scientifiques _______________ leurs carnets avant de se coucher.

4. Le bateau _______________ dans quelques jours pour une autre destination.

5. Tu _______________ comment classer les plantes selon le système de Linné.

6. Nous _______________ nos outils avec des sacs en toile cirée.

Exercice 4 : Production écrite
Imaginez que vous êtes Jeanne Baré et que vous écrivez une lettre décrivant votre avenir en tant qu'exploratrice. Utilisez le futur simple au moins 5 fois dans votre texte.

Exemple :
"Dans quelques mois, je découvrirai encore de nouvelles plantes. Nous explorerons des îles mystérieuses et nous observerons des animaux jamais vus auparavant..."

Chapitre 4 : Du Rio de la Plata au détroit de Magellan

Le départ de Montevideo

"Tout le monde à son poste ! Levez l'ancre[54]!" Le 1er juin 1767, ces cris résonnent sur le pont de L'Étoile. Après cinq mois d'attente, le navire quitte enfin Montevideo. Dans leur cabine, Jeanne et Commerson rangent soigneusement leurs dernières collectes et prennent soin de cataloguer chaque espèce découverte.

"Regarde ces nouvelles espèces", dit Commerson et admire leurs herbiers. "Qui sait ce que nous allons découvrir à Rio ?" Jeanne observe les plantes séchées avec fierté. Chaque spécimen est soigneusement pressé, étiqueté avec le lieu de collecte et ses caractéristiques. Leur travail est un véritable voyage de découvertes, et chaque plante raconte une histoire.

Rio de Janeiro : un paradis botanique

Le 13 juin 1767, L'Étoile jette l'ancre dans la baie de Rio de Janeiro. La ville est entourée de collines verdoyantes où la végétation tropicale est magnifique et colorée. Les parfums de la flore tropicale remplissent l'air, et les oiseaux exotiques chantent parmi les branches.

"C'est incroyable", murmure Jeanne quand elle débarque. "La nature ici est tellement différente de tout ce qu'on connaît !" Lors de leur première sortie, ils découvrent une plante grimpante avec de belles fleurs colorées qui éclatent de rose, rouge et violet. "Ces bractées[55] colorées", dit Commerson en regardant la plante avec une loupe. "Elles protègent les vraies fleurs, beaucoup plus petites. C'est fascinant !"

Il décide de nommer cette plante "Bougainvillea" en l'honneur de leur commandant. Jeanne dessine chaque détail avec

---

[54] Lever l'ancre : Action de retirer l'ancre du fond de la mer pour permettre au bateau de partir.

[55] Une bractée : Une feuille qui entoure ou protège les fleurs.

soin dans son carnet de voyage et note non seulement la forme et la couleur des fleurs, mais aussi la manière dont elles s'intègrent au paysage environnant. Elle sait que ces dessins seront une aide précieuse pour leur étude ultérieure et une trace importante de leurs découvertes.

"Pour bien comprendre une plante", explique Commerson à Jeanne, "il faut l'observer à différentes étapes : les bourgeons[56], les fleurs, les fruits... chaque phase nous apprend quelque chose de nouveau."

Jeanne hoche la tête. Elle a appris à repérer chaque petit détail : la disposition des feuilles, la forme des tiges, la structure des fleurs. La moindre variation peut avoir une signification cruciale, et elle prend soin de tout noter.

Le retour à Buenos Aires

Après un mois, l'Étoile repart en direction du Sud. En août 1767, elle fait une escale à Buenos Aires. Pendant trois mois, Jeanne et Commerson explorent la vaste Pampa[57]. Ils parcourent des kilomètres à pied, notant les différences de végétation d'une région à l'autre.

"La végétation change complètement selon la distance par rapport à la rivière", remarque Jeanne. "C'est comme si chaque zone avait sa propre flore, et chaque plante semble raconter l'histoire de son environnement."

Un jour, ils rencontrent des Guaranís[58] qui leur montrent des plantes médicinales locales. Ces plantes sont utilisées depuis des générations pour soigner toutes sortes de maux. Jeanne et Commerson les écoutent attentivement, conscients de la valeur de ces savoirs traditionnels.

---

[56] Un bourgeon : Une petite partie d'une plante qui deviendra une fleur, une feuille ou une tige.

[57] La Pampa : Une grande plaine fertile d'Amérique du Sud, située en Argentine.

[58] Les Guaranís : Un peuple indigène d'Amérique du Sud, connu pour ses traditions et sa culture.

"Ces connaissances sont précieuses", dit Commerson. "Il faut tout documenter, pas seulement pour la science, mais aussi pour préserver la sagesse de ces peuples."
Ils dessinent les plantes, notent les remèdes et essaient de comprendre les propriétés curatives de chaque espèce. Pour Jeanne, cette rencontre est un rappel de l'importance des cultures locales et de la manière dont la nature et la culture sont intimement liées.

Vers le détroit de Magellan

En novembre 1767, L'Étoile s'engage dans les eaux dangereuses du détroit[59] de Magellan. Le froid est mordant[60] et le vent hurle dans les cordages[61]. Chaque manœuvre devient difficile et dangereuse. Le détroit est connu pour ses courants violents et imprévisibles. Malgré ces défis, L'Étoile continue d'avancer, les hommes luttant constamment pour garder le contrôle du navire. Les marins sont épuisés, mais ils savent que chaque jour de progression les rapproche de nouvelles découvertes.

Jeanne admire leur courage et leur ténacité. Pendant ce temps, elle et Commerson découvrent des plantes adaptées aux conditions extrêmes : des plantes en coussinets[62] et des arbres tordus par le vent, qui semblent plier sans jamais se briser. "Les plantes ici sont incroyables", observe Jeanne, emmitouflée dans son manteau. "Elles survivent au gel, au vent violent... Comment font-elles ? Ces plantes sont comme les marins. Elles s'adaptent, elles luttent, elles survivent." Elle note comment les racines se glissent dans les moindres

---

[59] Un détroit : Une étroite bande de mer entre deux terres, qui relie deux grandes étendues d'eau.

[60] Mordant, mordante : Très intense ou perçant, souvent utilisé pour décrire le froid ou le vent.

[61] Un cordage : Une corde utilisée sur un bateau, notamment pour manipuler les voiles ou attacher des objets.

[62] Un coussinet : Une partie d'une plante ou d'un animal qui a une texture douce et arrondie.

interstices[63] des rochers, trouvant une prise même dans le sol le plus pauvre. Chaque détail de ces plantes est un témoignage de la résilience[64] de la vie.

Les soupçons grandissent

Un soir, alors que Jeanne étudie des mousses avec une loupe, le chirurgien François Vivez frappe à la porte de la cabine. "Jean, puis-je vous parler ?" demande-t-il en entrant sans attendre de réponse.

François Vivez, le chirurgien de L'Étoile, est le premier à douter que Jeanne soit vraiment un homme. Dans son journal il la décrit comme ayant de "petites mains", sans "barbe au menton", et un "corps court et trapu[65]". Il trouve étrange que Jeanne "ne change jamais de linge ni ne fasse ses besoins[66] devant les autres". Vivez remarque aussi que Jeanne et son compagnon, Philibert Commerson, dorment dans la même cabine. Ces observations amènent Vivez à penser que Jeanne pourrait être une femme.

Des rumeurs commencent à circuler parmi l'équipage. Certains marins chuchotent entre eux, se demandant pourquoi "Jean" est si différent. "Jean, les hommes parlent...", commence Vivez d'une voix basse. "Votre apparence, vos manières... Cela commence à soulever des questions parmi l'équipage."

Jeanne sent son estomac se nouer. Elle sait que les rumeurs peuvent devenir dangereuses, surtout dans des conditions aussi difficiles. Elle prend une profonde inspiration et décide de se défendre.

"Docteur Vivez", répond-elle en essayant de rester calme, "il y a une raison à tout cela. Un accident quand j'étais enfant... cela m'a laissé... différent." Jeanne invente rapidement une

---

[63] Un interstice : Un petit espace entre deux objets.

[64] La résilience : capacité à surmonter les difficultés de la vie et à s'adapter à un choc.

[65] Trapu : Se dit d'une personne ou d'un animal qui est petit mais fort et large.

[66] Faire ses besoins : Cela signifie aller aux toilettes.

histoire : "Je suis, en quelque sorte, un eunuque[67]", explique-t-elle. "Victime d'un accident qui m'a rendu incapable de remplir les fonctions d'un homme. Ma situation ressemble à celle des eunuques de l'Empire ottoman, qui surveillent les harems."

Vivez la regarde, visiblement surpris. Après un long silence, il hoche lentement la tête.

"Je vois", murmure-t-il finalement. "Je comprends mieux certaines choses maintenant. Mais soyez prudent, Jean. L'équipage peut être cruel quand il ne comprend pas."

Vivez la regarde encore un moment avant de se retirer. Finalement il laisse Jeanne seule avec ses inquiétudes, mais aussi avec l'espoir d'avoir évité un danger.

Les jours qui suivent, Jeanne redouble de prudence. Elle se fait discrète et évite tout geste qui pourrait attirer l'attention. Mais elle sait que le moindre faux pas pourrait tout compromettre. Elle s'efforce de concentrer toute son énergie sur ses études. En quelque sorte, elle se sert de la botanique comme d'un refuge.

Une découverte inattendue

En examinant des échantillons collectés près du détroit de Magellan, elle fait une découverte étonnante. "Commerson ! Venez voir !"

Elle a trouvé une plante aux propriétés uniques, capable de survivre dans des conditions extrêmes. Elle examine la texture des feuilles, leur épaisseur qui semble les protéger du froid et du vent. Commerson s'approche, curieux.

"Regarde comme ces feuilles sont épaisses. C'est une adaptation incroyable. Cette plante pourrait avoir des propriétés que nous ne connaissons pas encore."

Mais alors qu'ils commencent à l'étudier, un cri retentit :

"L'Océan... l'Océan Pacifique !"

---

[67] Un eunuque : Un homme qui, pour des raisons médicales ou culturelles, n'a pas les mêmes capacités biologiques que les autres hommes.

Le détroit de Magellan est franchi. Devant eux s'étend l'immensité du plus grand océan du monde. L'équipage exulte[68], les visages fatigués s'éclairent de sourires de soulagement. Mais pour Jeanne, une question reste : combien de temps pourra-t-elle encore garder son secret ?

Le vent souffle fort, mais Jeanne se sent soudain plus légère, portée par l'immensité de l'océan devant elle. Elle sait que chaque jour est une victoire, et que tant qu'elle peut poursuivre sa mission, elle se battra pour continuer. Elle regarde l'horizon et se demande ce que le futur lui réserve.

Audiobook

Kahoot

---

[68] Exulter : Montrer une grande joie ou un sentiment de triomphe.

Pourquoi parle-t-on portugais au Brésil ?

Si tu fermes les yeux et que tu imagines le Brésil, tu vois peut-être des plages infinies, des forêts tropicales, du football et du carnaval. Mais as-tu déjà pensé à cette question : pourquoi les Brésiliens parlent-ils portugais et non espagnol, comme tous leurs voisins ?

Eh bien, pour le comprendre, il faut remonter à une époque où l'on ne connaissait même pas la forme exacte de l'Amérique du Sud !

Une ligne magique... tracée par le Pape

À la fin du XVe siècle, les grandes puissances maritimes d'Europe – surtout l'Espagne et le Portugal – se disputaient les nouvelles terres qu'elles découvraient. Pour éviter une guerre, ils ont demandé de l'aide ... au Pape !
En 1494, le Pape Alexandre VI a tracé une ligne imaginaire sur une carte au milieu de l'Océan Atlantique. Remarque que, à l'époque, personne ne savait encore à quoi ressemblait exactement l'Amérique du Sud ! Cette ligne, appelée le traité de Tordesillas, partageait le monde en deux :

- **À l'ouest**, tout appartenait à l'Espagne.
- **À l'est**, c'était le territoire du Portugal.

Et devine quoi ? Une partie de l'Amérique du Sud – l'actuel Brésil – se retrouvait dans la zone portugaise !

Les Portugais arrivent !

En 1500, un explorateur portugais du nom de Pedro Álvares Cabral débarque sur les côtes brésiliennes. Il plante immédiatement un drapeau portugais et déclare : "Ceci appartient au Portugal !"

Mais attention ! Avant leur arrivée, le Brésil était déjà habité par des peuples autochtones, qui avaient leurs propres langues et cultures. Les colons portugais ont imposé leur langue, notamment pour le commerce et l'administration.

Et aujourd'hui ?
Le Brésil est le seul pays d'Amérique du Sud où l'on parle portugais !

Alors, si tu voyages un jour à Rio ou à São Paulo, n'oublie pas : on y parle portugais, et tout ça grâce à une ligne tracée... par un Pape, il y a plus de 500 ans !

Audiobook

Une carte du monde de 1502.

Le redoutable détroit de Magellan

Le détroit de Magellan... Un passage mythique entre l'Atlantique et le Pacifique, au sud de l'Amérique ! Mais au XVIIIe siècle, traverser ce labyrinthe d'eau glacée et de montagnes était une véritable épreuve pour les marins.

Imagine-toi à bord d'un grand voilier en bois. Le vent souffle fort, les vagues frappent la coque, et la pluie tombe sans cesse. Tu es entouré de falaises sombres, de glaciers immenses et... de l'inconnu !

C'est un véritable labyrinthe marin de 565 kilomètres qui relie deux océans : l'Atlantique et le Pacifique. Mais attention... ce n'est pas une promenade facile !

Les navigateurs du XVIIe siècle devaient affronter des défis incroyables :

- Des vents violents qui soufflaient parfois à plus de 100 km/h ! Imagine essayer de contrôler ton voilier dans ces conditions...
- Des courants marins super forts qui pouvaient pousser les bateaux vers les rochers.
- Un labyrinthe dangereux avec des centaines d'îles et des passages étroits. Sans carte précise, les bateaux pouvaient s'échouer sur des rochers invisibles.
- Un climat infernal : Pluie, vents violents, brouillard... La météo était imprévisible. En quelques minutes, un ciel dégagé pouvait se transformer en tempête !
- Peu de ravitaillement : Pas de villages, pas de ports, juste des côtes froides et hostiles. Les marins manquaient souvent de nourriture et tombaient malades.

L'aventure des marins du XVIIIe siècle

À cette époque, les navires dépendaient uniquement du vent et de l'habileté du capitaine. Traverser le détroit prenait souvent plusieurs semaines ! Et certains n'y arrivaient même pas... ils devaient faire demi-tour ou, pire encore, ils s'écrasaient sur les rochers.

Les marins vivaient des moments terrifiants :

- Des tempêtes soudaines : "Tout le monde sur le pont ! Vite, affalez les voiles !" criait le capitaine alors que les vagues menaçaient d'engloutir le navire.
- Le froid mordant : Les hommes grelottaient, les doigts gelés par l'eau glaciale. Pas de vêtements imperméables à l'époque !
- Le scorbut : Sans fruits et légumes, les marins tombaient malades. Certains perdaient leurs dents, d'autres devenaient trop faibles pour travailler.

Seuls les plus habiles et les plus résistants parvenaient à franchir le détroit.

Et aujourd'hui ?

Aujourd'hui, les gros navires modernes préfèrent passer par le cap Horn, plus au sud. Mais le détroit de Magellan reste un endroit magique qui nous rappelle le courage des premiers explorateurs. Ces marins étaient de vrais héros qui ont changé l'histoire de la navigation !

PS : Si tu te demandes d'où vient le nom "détroit de Magellan", c'est grâce à Ferdinand Magellan, le premier Européen à l'avoir traversé en 1520. Il était portugais, mais il travaillait pour le roi d'Espagne. Et toi, aurais-tu osé affronter ce défi ?

Audiobook

Compréhension de texte – répondez à ces questions :

1. Pourquoi le détroit de Magellan était-il considéré comme un passage dangereux pour les marins du XVIIIe siècle ?
2. Quels étaient les principaux défis rencontrés par les navigateurs en traversant le détroit de Magellan ?
3. Comment les conditions climatiques compliquaient-elles la navigation dans le détroit de Magellan ?
4. Pourquoi les marins du XVIIIe siècle risquaient-ils de souffrir du scorbut pendant leur voyage ?
5. De nos jours, pourquoi les navires préfèrent-ils passer par le cap Horn plutôt que par le détroit de Magellan ?
6. Qui était Ferdinand Magellan et quel rôle a-t-il joué dans l'histoire de ce détroit ?

Activité écrite : Carte du voyage de Jeanne Barret

Consigne : Sur cette carte du monde, tracez le voyage
de Jeanne Barret. N'oubliez pas de noter les noms des
lieux. Vous complèterez progressivement cette carte
jusqu'à la fin du récit.

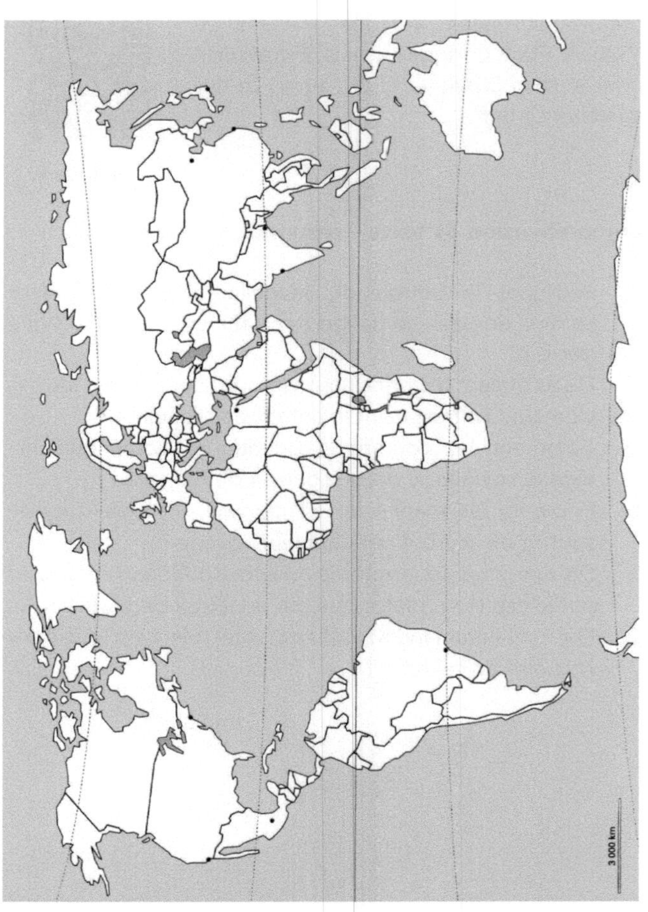

Les pronoms relatifs

Ici vous pouvez répéter la théorie ➡️ 

Exercice 1 : Complétez avec le bon pronom relatif
Complétez les phrases en choisissant le pronom relatif adapté (qui, que, dont, où, lequel).

1. Le navire __________ Jeanne et Commerson voyagent s'appelle *L'Étoile*.

2. Jeanne admire les plantes __________ elle a soigneusement étiquetées.

3. La baie de Rio de Janeiro est un endroit __________ la nature est luxuriante.

4. Le chirurgien Vivez a des soupçons __________ il ne peut parler à personne.

5. Jeanne a trouvé une plante __________ les feuilles épaisses protègent du froid.

6. La mission scientifique __________ Jeanne participe est essentielle pour la botanique.

7. Le moment __________ Jeanne entend le cri "L'Océan Pacifique !" est inoubliable.

8. Commerson examine les échantillons, parmi __________ se trouve une découverte importante.

Exercice 2 : Transformez les phrases en une seule avec un pronom relatif

Exemple :
Jeanne étudie une plante. Cette plante résiste au froid.
→ Jeanne étudie une plante qui résiste au froid.

1. L'Étoile affronte des vents violents. Ces vents rendent la
    navigation dangereuse.

    ____

2. Jeanne et Commerson découvrent une plante. Ils vont
    l'ajouter à leur collection.

    ____

3. François Vivez a des doutes. Il ne peut en parler qu'en
    secret.

    ____

4. Le détroit de Magellan est un passage difficile. Ce pas-
    sage a été franchi par les marins.

    ____

5. Jeanne garde un secret. Ce secret pourrait être décou-
    vert.

    ____

Exercice 3 : Remplacez les mots entre parenthèses par un pronom relatif approprié

Complétez les phrases en remplaçant la partie entre paren-thèses par un pronom relatif (qui, que, dont, où, lequel...).

1. Jeanne découvre une plante __________ les feuilles sont très épaisses.

2. La ville de Rio est un endroit __________ la végétation tropicale est magnifique.

3. Commerson étudie une fleur __________ il a collecté lors de leur sortie botanique.

4. Jeanne et Commerson parcourent la Pampa, une région __________ ils trouvent des plantes uniques.

5. François Vivez commence à douter. Il se pose des questions __________ il ne trouve pas de réponse.

6. Le navire arrive au détroit de Magellan, __________ les vents sont très violents.

7. Jeanne et Commerson rencontrent des Guaranís __________ les connaissances médicinales des Guaranís sont impressionnantes.

Exercice 4 : *Trouvez dans le texte des phrases avec des pronoms relatifs et soulignez-les*

Lisez le texte et notez trois phrases qui contiennent des pronoms relatifs. Identifiez-les et expliquez leur rôle (sujet, COD, complément...).

Chapitre 5 : L'Océan Pacifique et Tahiti

Dans l'immensité du Pacifique
Le 1er janvier 1768, L'Étoile et La Boudeuse naviguent sur la grande étendue du Pacifique.
"Le Pacifique est très différent de l'Atlantique. Même les algues qui flottent près du bateau sont nouvelles pour nous." Commerson est fasciné par leur forme. Comment peuvent-elles survivre dans cet océan sans fin ?
Les jours passent, tous pareils et difficiles. Il fait très chaud, le soleil est écrasant[69]. Les provisions diminuent, et le scorbut[70] commence à se faire sentir.
"Nous avons besoin de fruits et légumes frais", murmure Commerson, affaibli. "Autrement le scorbut[71] va nous rendre tous malades."
Jeanne regarde les symptômes avec inquiétude : les gencives[72] gonflées, les douleurs dans les articulations, la fatigue. Elle se souvient des remèdes de son enfance, mais ici, en plein milieu de l'océan, elle ne peut rien faire. L'équipage est de plus en plus faible, chaque jour est une lutte. Les marins, qui étaient forts, ont maintenant du mal à hisser les voiles, et leurs visages montrent la souffrance.
Les nuits sont longues et pleines de doutes. Jeanne passe des heures à regarder l'horizon et espère y voir quelque chose qui pourrait leur redonner espoir. Parfois, le ciel nocturne la réconforte, avec toutes ces étoiles qui brillent au-dessus d'eux, comme pour leur rappeler qu'ils ne sont pas seuls, même dans cette immensité. Mais souvent, le silence est trop épais, et l'incertitude pèse sur son esprit.
Un matin, un cri retentit : "Terre ! Terre en vue !"

---

[69] Un soleil écrasant : un soleil très fort avec une chaleur difficile à supporter.
[70] Le scorbut : Une maladie causée par un manque de vitamine C, qui cause des gencives gonflées, des douleurs et de la fatigue.
[71] Le scorbut : c'est une maladie causée par le manque de vitamine C, provoque une grande fatigue et des problèmes aux dents.
[72] Une gencive : La partie rose de la bouche qui entoure les dents.

Les îles Tuamotu apparaissent comme des bijoux sur l'océan, avec leurs lagons[73] bleus et leurs cocotiers qui semblent toucher le ciel. Les marins poussent des cris de joie, comme s'ils avaient trouvé le paradis. Mais malheureusement, les récifs coralliens[74] sont trop dangereux pour débarquer. La déception se fait sentir.

"Regarde ces cocotiers", dit Jeanne qui observe la plage avec une longue-vue[75]. "Leurs fruits sont pleins de vitamine C. Ils pourraient sauver l'équipage..."

Mais les courants sont trop forts, les récifs trop dangereux. Ils doivent continuer leur route, le cœur lourd. L'espoir qui était revenu disparaît et laisse la place à la résignation[76]. Jeanne se sent impuissante parce qu'elle se rend compte qu'une solution était si proche mais impossible à atteindre.

L'arrivée à Tahiti

Le 4 avril 1768, après des mois de voyage, ils voient enfin Tahiti. L'île semble sortir d'un rêve, avec ses plages de sable blanc, ses montagnes vertes et sa végétation luxuriante. Les marins, affamés et épuisés, laissent échapper des cris de soulagement.

"C'est incroyable", s'exclame Commerson. "Regarde ces arbres ! Chaque plante est une nouvelle espèce à étudier !"

Jeanne partage son enthousiasme, mais elle ressent aussi de la peur. Plus ils s'approchent de l'île, plus elle sent que quelque chose va changer. Elle remarque les regards des hommes sur elle, des regards curieux, qui semblent essayer de deviner quelque chose.

---

[73] Un lagon : Une étendue d'eau peu profonde entourée par des récifs ou des terres.

[74] Un récif corallien : Une structure sous-marine formée par des coraux, souvent dangereuse pour les bateaux.

[75] Une longue-vue : Un instrument optique qui permet de voir des objets éloignés.

[76] La résignation : C'est quand on accepte une situation difficile sans essayer de la changer.

Dès que Jeanne pose le pied sur la plage, les habitants de Tahiti l'entourent et crient : "Vahiné[77] ! Vahiné !"

"Que disent-ils ?" demande un marin. "Ils disent que c'est une femme."

Le monde de Jeanne s'écroule. Les Tahitiens, habitués à observer, ont vu ce que les marins n'avaient pas remarqué pendant des mois. Les murmures se propagent parmi l'équipage, et les regards deviennent intenses. Jeanne se sent exposée, vulnérable. Le capitaine de La Boudeuse, Louis-Antoine de Bougainville, veut l'interroger.

"Comment est-ce possible ?" s'exclame-t-il. La surprise et la confusion sont évidentes sur son visage, alors que les marins chuchotent entre eux.

La confrontation

Dans la cabine de Bougainville, Jeanne doit enfin dire la vérité. Des larmes coulent sur ses joues alors qu'elle raconte son histoire :

"J'aime la botanique plus que tout. C'était la seule façon pour moi de poursuivre ce rêve. Chaque plante que nous avons découverte, chaque spécimen que nous avons classifié... tout cela en valait la peine."

Elle parle des sacrifices, des nuits sans sommeil à étudier chaque feuille, chaque pétale, du danger constant de se faire découvrir. Elle explique que sa passion pour la science lui a donné la force de continuer malgré la peur. Bougainville l'écoute en silence, le visage sérieux. Puis, à la surprise de Jeanne, il sourit :

"Vous avez plus de courage que la plupart de mes hommes. Mais maintenant, vous devrez rester à bord. Vous n'avez plus le droit de descendre à terre. C'est plus sûr."

Jeanne est d'accord et se rend compte que son rôle dans cette expédition vient de changer. Mais au fond d'elle, elle ressent de la fierté : elle a fait quelque chose que peu d'autres femmes auraient osé faire.

---

[77] Une vahiné : Un mot tahitien qui signifie "femme".

Confinée [78] sur le navire, Jeanne observe les plantes que Commerson lui rapporte :

"Cette fleur est fascinante", dit-elle en regardant un spécimen à la loupe. "Les Tahitiens l'utilisent comme remède. Nous devrions étudier ses propriétés."

Les journées passent, et chaque plante apporte de nouveaux mystères. Commerson, qui reste un ami fidèle, continue de partager ses découvertes avec Jeanne parce qu'il sait que ses connaissances sont très précieuses. Les deux amis discutent souvent des secrets de ces plantes et de leurs propriétés médicinales. Mais la tension sur l'île augmente. Des objets disparaissent, des conflits éclatent entre les marins et les habitants. Un jour, une dispute devient violente, et quatre Tahitiens sont tués.

Un départ précipité [79]

Huit jours seulement après leur arrivée, l'expédition doit quitter Tahiti en urgence. Le vent se lève, et ils sentent qu'ils doivent partir rapidement. Alors que les navires s'éloignent, Jeanne regarde l'île disparaître à l'horizon, le cœur lourd.

"Que va-t-il m'arriver maintenant ?" se demande-t-elle. Son secret est révélé, mais son voyage n'est pas encore fini. L'océan Pacifique s'étend encore devant eux, immense et plein de mystères. Le bruit des vagues contre la coque [80] semble murmurer des promesses de nouvelles aventures, mais aussi de nouveaux dangers.

Au coucher du soleil, elle sort son carnet et commence à dessiner une nouvelle plante. Même si son monde a changé, sa passion pour la botanique reste la même. Elle se promet de continuer, peu importe les obstacles. Chaque plante dessinée, chaque ligne tracée dans son carnet est un acte de courage, une façon de dire qu'elle n'abandonnera pas.

---

[78] Confiné, confinée : Enfermé ou limité à un espace précis, sans possibilité de sortir.

[79] Un départ précipité : Un départ fait rapidement, souvent à cause d'une urgence ou d'un danger.

[80] Une coque : La partie extérieure d'un bateau qui touche l'eau.

Mais une question la hante : comment continuer son travail maintenant que tous connaissent son identité ? Le regard des marins a changé, et l'ambiance à bord est différente. Jeanne se sent à la fois libérée de son secret et plus vulnérable que jamais. Pourtant, une étincelle en elle refuse de s'éteindre. Elle sait qu'elle trouvera un moyen, même si cela veut dire redéfinir son rôle dans cette aventure. Pour l'instant, elle se concentre sur ce qu'elle sait faire de mieux : étudier, dessiner, et s'émerveiller devant la beauté du monde qui l'entoure.

Audiobook

Kahoot

Tahiti : Le paradis tropical qui a fait rêver l'Europe

Imaginez une île paradisiaque avec des plages de sable blanc, des lagons turquoise et des montagnes verdoyantes... Bienvenue à Tahiti !

La découverte d'un paradis

En 1767, le capitaine anglais Samuel Wallis devient le premier Européen à découvrir Tahiti. Un an plus tard, le Français Louis-Antoine de Bougainville arrive sur l'île. Ce qu'ils y trouvent les laisse bouche bée : une société paisible vivant en harmonie avec la nature, des danses envoûtantes, des fruits délicieux et un accueil chaleureux des Tahitiens.

Le mythe du "bon sauvage"

Cette découverte fait sensation en Europe ! Les philosophes et écrivains sont fascinés par cette société différente de la leur. Pour eux, Tahiti représente un paradis perdu, un endroit où les humains vivent simplement, sans les contraintes de la civilisation européenne.

Le philosophe Jean-Jacques Rousseau, sans jamais visiter l'île, utilise l'exemple de Tahiti pour développer sa théorie du "bon sauvage". Selon lui, l'homme est naturellement bon, mais la société le corrompt. Les Tahitiens, vivant loin de la civilisation européenne, incarnent pour lui cet état de nature idéal.

Paul Gauguin *(1848 – 1903), est un peintre impressionniste et graveur français très influent. Il a longtemps vécu à Tahiti et aux Îles Marquises et il est devenu célèbre pour ses peintures de Polynésie.*

Un lieu d'exploration scientifique

En 1769, le célèbre explorateur James Cook arrive à Tahiti avec une mission spéciale : observer le passage de Vénus devant le Soleil. Cette expédition scientifique permet aussi de mieux comprendre la culture polynésienne, sa langue et ses coutumes.

L'héritage aujourd'hui

- Aujourd'hui, Tahiti continue de faire rêver !
- C'est une destination touristique prisée
- Sa culture traditionnelle est toujours vivante
- Ses danses et sa musique sont célèbres dans le monde entier
- On y parle français (c'est une collectivité française d'outre-mer !)

Tahiti nous rappelle que parfois, les lieux les plus éloignés peuvent avoir une grande influence sur notre façon de penser. Cette petite île du Pacifique a changé la vision que les Européens avaient du monde et de la nature humaine. C'est fou, non ?

Audiobook

Compréhension de texte – vrai ou faux ?

	V	**F**	
1.	O	O	Samuel Wallis et Louis-Antoine de Bougainville ont découvert Tahiti la même année.
2.	O	O	Les Européens ont été indifférents à la découverte de Tahiti.
3.	O	O	Jean-Jacques Rousseau a visité Tahiti avant d'écrire sur le "bon sauvage".
4.	O	O	Les Tahitiens du XVIIIe siècle vivaient selon des principes de la civilisation européenne.
5.	O	O	James Cook est venu à Tahiti pour observer le passage de Vénus devant le Soleil.
6.	O	O	Paul Gauguin était un explorateur célèbre qui a découvert Tahiti.
7.	O	O	La culture tahitienne a totalement disparu avec l'arrivée des Européens.
8.	O	O	Aujourd'hui, Tahiti fait partie de la France en tant que collectivité d'outre-mer.
9.	O	O	La découverte de Tahiti a influencé la pensée des philosophes européens.
10.	O	O	Les danses et la musique tahitiennes sont reconnues dans le monde entier.

Le conditionnel présent

Ici vous pouvez répéter la théorie ➡️

Exercice 1 : Complétez les phrases avec le verbe entre parenthèses au conditionnel présent

1. S'ils avaient assez de provisions, ils _____________ (pouvoir) continuer leur voyage sans problème.

2. Jeanne _____________ (préférer) descendre à terre pour étudier la flore de Tahiti.

3. Si nous étions en France, nous _____________ (avoir) accès à des fruits frais pour éviter le scorbut.

4. Le capitaine de Bougainville _____________ (vouloir) comprendre comment Jeanne a réussi à cacher son identité.

5. À ta place, je _____________ (chercher) un moyen de convaincre Bougainville de me laisser descendre à terre.

6. Sans les habitants de Tahiti, personne _____________ (découvrir) le secret de Jeanne.

7. En mangeant des noix de coco, les marins malades _____________ (guérir) plus rapidement.

Exercice 2 : Transformez ces phrases en utilisant le conditionnel présent

1. Jeanne peut continuer son travail en secret.

   Jeanne _______________ continuer son travail en secret.

2. Les marins doivent affronter la chaleur écrasante.

   Les marins _______________ affronter la chaleur écrasante.

3. Le capitaine veut interroger Jeanne sur son identité.

   Le capitaine _______________ interroger Jeanne sur son identité.

4. Nous cherchons des plantes médicinales sur l'île.

   Nous _______________ des plantes médicinales sur l'île.

5. Les Tahitiens reconnaissent immédiatement que Jeanne est une femme.

   Les Tahitiens _______________ reconnaître immédiatement que Jeanne est une femme.

6. Sans les conflits, l'expédition peut rester plus longtemps à Tahiti.

7. Sans les conflits, l'expédition _______________ rester plus longtemps à Tahiti.

8. Les fruits des cocotiers sauvent l'équipage du scorbut.

   Les fruits des cocotiers _______________ sauver l'équipage du scorbut.

Chapitre 6 : De Tahiti à l'Île Maurice

Une traversée difficile

Le voyage vers la Nouvelle-Guinée est vraiment dur pour l'équipage. Beaucoup de marins tombent malades à cause du scorbut, une maladie causée par le manque de vitamine C. Chaque jour, il y a de moins en moins de provisions, et ils manquent d'eau fraîche. Le moral de l'équipage baisse de plus en plus. Les nuits sont longues, remplies de fatigue, de faim et de douleurs.

"Les gencives enflées, les articulations douloureuses... ce sont les signes typiques du scorbut", explique Jeanne à Commerson, qui est aussi malade. "Si seulement nous avions des fruits..." Jeanne se sent impuissante, mais elle refuse de baisser les bras.

Dans leur cabine, elle continue à travailler malgré tout. Elle a installé un petit laboratoire de fortune[81] : une simple table, quelques bocaux et des outils rudimentaires[82]. "Même si je ne peux plus descendre à terre, je peux encore étudier les spécimens. Regarde cette algue que les marins ont trouvée dans leurs filets. Sa structure est fascinante..." Ses yeux brillent de détermination, et elle est prête à tout pour continuer ses recherches. Même en mer, elle veut montrer que la science peut avancer malgré tous les obstacles.

La Nouvelle-Guinée

Quand L'Étoile arrive enfin en Nouvelle-Guinée, tout le monde est émerveillé. Devant eux se dressent de hautes montagnes couvertes de forêts luxuriantes. L'air est rempli de parfums de fleurs exotiques, et des oiseaux colorés volent partout et rendent le paysage encore plus magique.

---

[81] Un laboratoire de fortune : Un endroit improvisé pour travailler, avec peu d'équipements.

[82] Rudimentaire : Très simple, avec juste ce qu'il faut pour fonctionner.

"C'est incroyable", murmure Commerson quand il revient d'une exploration. "Les arbres sont immenses, et il y a des orchidées partout !" Même s'il est fatigué, il est enthousiaste. Pour lui, un botaniste, c'est un vrai paradis.

Il ramène à Jeanne des spécimens qu'elle examine avec beaucoup d'intérêt. "Cette fougère arborescente[83] est incroyable. Regarde ces frondes[84] ! Et ces petits sacs sous les feuilles, ce sont des sporanges[85]... Je n'ai jamais vu une telle structure." Mais l'air est lourd et chaud, et les maladies se propagent rapidement.

Les insectes sont partout. Ils piquent les membres de l'équipage et rendent le travail encore plus difficile. Les nuits sont souvent perturbées par les bourdonnements. Malgré tout, Jeanne et Commerson ne se découragent pas et continuent à prendre des notes. Ils savent que leur mission est importante.

L'arrivée à l'Île Maurice

En 1768, après avoir traversé l'Océan Pacifique et l'Océan Indien, L'Étoile arrive enfin à l'Île Maurice, qui s'appelait à l'époque l'Île de France. Pierre Poivre, le gouverneur de l'île, est un célèbre botaniste. Il les accueille avec joie et les invite à visiter sa maison et le jardin botanique qu'il a créé avec soin. "Monsieur Poivre a créé un jardin botanique extraordinaire", explique Commerson à Jeanne. "Il essaie de faire pousser des épices rares comme la muscade et le girofle." Jeanne est impressionnée par l'ampleur du projet.

Pour la première fois depuis longtemps, Jeanne peut travailler ouvertement en tant que femme. Dans le jardin botanique,

---

[83] Une fougère arborescente : Une grande plante qui ressemble à un arbre, avec de longues feuilles.

[84] Une fronde : Une grande feuille divisée en plusieurs parties, comme celles des fougères.

[85] Un sporange : Une petite structure sous les feuilles où les fougères produisent leurs spores.

elle aide à classer les nouvelles espèces et observe chaque plante avec curiosité.

"Ces plantes de poivre sont différents de celles que nous avons vues ailleurs", note-t-elle. "La forme des feuilles, la façon dont les fruits poussent... Tout change selon le climat." Elle compare les spécimens, prend des notes et s'émerveille de la diversité[86] de la nature. Ce jardin est un vrai refuge pour elle, un endroit calme qui contraste avec les épreuves de la mer. Elle se sent rechargée et prête à continuer leur mission. Mais Commerson se sent de plus en plus faible et décide donc de rester sur l'Île Maurice.

L'exploration des îles

Pendant cinq ans, Jeanne et Commerson explorent les îles voisines. À Madagascar, ils découvrent des plantes uniques. "Ces plantes sont endémiques[87]", explique Jeanne en pressant des spécimens. "Elles ne poussent nulle part ailleurs dans le monde. C'est comme si cette île était un laboratoire d'évolution." Jeanne prend soin de noter tous les détails. Leur collection grandit jour après jour, et Jeanne est fière de tout le travail accompli.

Sur l'île Bourbon (aujourd'hui La Réunion), ils étudient les plantes à différentes altitudes[88]. "Plus on monte, plus les plantes changent", observe Jeanne. "Chaque altitude a sa propre flore." Elle est fascinée par la façon dont les plantes s'adaptent. Ils prennent leur temps pour tout observer et comprendre les différences. Chaque pas en hauteur leur apporte de nouvelles découvertes.

---

[86] La diversité : La variété ou la différence dans ce qui existe, comme les plantes, les cultures ou les idées.

[87] Endémique : Qui existe uniquement dans une région ou un lieu précis.

[88] Une altitude : La hauteur par rapport au niveau de la mer.

La perte d'un mentor

Le 13 mars 1773, Commerson tombe gravement malade. Jeanne reste à ses côtés jour et nuit. Elle veille sur lui avec tendresse. "Il faut que tu continues notre travail", murmure-t-il faiblement. "Toutes ces découvertes... elles ne doivent pas être perdues." Jeanne promet de poursuivre leur mission.
Après la mort de Commerson, Jeanne s'occupe de leur collection : trente-deux caisses qui contiennent cinq mille spécimens, dont trois mille sont des espèces nouvelles. Elle se sent responsable de tout ce qu'ils ont découvert.
"Chaque plante raconte une histoire", dit-elle en vérifiant les étiquettes. "L'histoire de nos voyages, de nos découvertes..." Elle passe des heures à tout classer et s'assure que chaque spécimen est bien préservé. Ces caisses sont très précieuses pour la communauté scientifique. Jeanne est consciente de ça et pour cette raison elle fait l'impossible pour pouvoir envoyer ces caisses en France où elles seront présentées au roi Louis XVI.

Une nouvelle vie

Sans argent pour retourner en France, Jeanne ouvre une taverne[89] à Port-Louis. La taverne est simple, mais elle devient vite un lieu de rencontre pour les marins et les gens curieux d'entendre les histoires de Jeanne.
"Ces herbiers sont notre héritage[90]", explique-t-elle aux marins intéressés. "Chaque plante est un témoignage des merveilles que nous avons vues." Elle leur montre ses carnets, partage ses expériences, et les marins l'écoutent attentivement.
Un jour, un officier de marine nommé Jean Dubernat entre dans sa taverne. "Vous parlez des plantes avec tant de passion", dit-il. "Comment avez-vous appris tout cela ?" Jeanne hésite, puis commence à raconter son histoire, depuis le

---

[89] Une taverne : Un petit établissement où l'on peut boire et parfois manger.
[90] Un héritage : Ce qui est transmis par une personne ou une culture, comme un bien ou un savoir.

début de l'expédition jusqu'à son arrivée à l'Île Maurice. Il est fasciné par l'histoire de Jeanne et ses connaissances. Il passe des heures à l'écouter.

Pour la première fois depuis longtemps, Jeanne se sent complètement elle-même. Serait-elle sur le point de tomber amoureuse ?

Audiobook

Kahoot

Spondias dulcis

Le trésor botanique de Philibert Commerson

Tu connais les collections de plantes séchées qu'on appelle des herbiers ? Au 18e siècle, le botaniste français Philibert Commerson a créé l'une des collections les plus impressionnantes de son époque. Son histoire est comme une aventure de pirates... mais pour les plantes !

Un explorateur des plantes

Imagine : en 1766, Commerson a embarqué sur un navire pour le premier tour du monde français. À cette époque, pas de photos, pas d'internet - pour étudier une plante inconnue, il fallait la rapporter physiquement en Europe !

*Planche d'herbier collectée par Philibert Commerson (feuilles de **Ficus rostrata** Lam., récoltées vers 1770 en Indonésie).*

Pendant trois ans, accompagné de son assistante Jeanne Barret, Commerson a exploré le Brésil, la Patagonie, Tahiti et les îles de l'océan Indien. Il a collecté des milliers de plantes jamais vues par les Européens.

Comment fabriquait-il son herbier ?
La méthode était ingénieuse :
- Cueillir délicatement la plante avec ses fleurs et ses fruits
- La placer entre des feuilles de papier absorbant
- La presser pendant une semaine en changeant régulièrement le papier
- Coller la plante séchée sur une feuille avec une étiquette indiquant le lieu et la date

Imagine faire cela sur un bateau qui tangue, dans la chaleur tropicale, avec des milliers d'échantillons ! C'était un vrai défi !

Des découvertes exceptionnelles
Grâce à Commerson, environ 1500 nouvelles espèces ont été découvertes. Tu connais le bougainvillier, cette belle plante grimpante aux fleurs colorées ? C'est lui qui l'a rapporté du Brésil et l'a nommé en l'honneur du capitaine Bougainville.

Commerson est mort à l'île Maurice en 1773, avant de pouvoir rentrer en France et publier ses découvertes. Ses 34 caisses d'herbier ont voyagé sans lui jusqu'à Paris, mais deux se sont perdues en route. Quelle aventure !

L'herbier aujourd'hui : un trésor scientifique
Aujourd'hui, les 6000 plantes de l'herbier de Commerson sont conservées au Muséum national d'Histoire naturelle à Paris. Ces spécimens de 250 ans sont précieux pour la science moderne :
- Ils montrent quelles plantes existaient au 18e siècle
- Ils aident à comprendre comment le climat a changé (les plantes fleurissent plus tôt aujourd'hui qu'à l'époque de Commerson)

- Ils permettent d'identifier des espèces qui ont peut-être disparu

Les scientifiques utilisent même des techniques modernes pour extraire l'ADN de ces plantes anciennes !

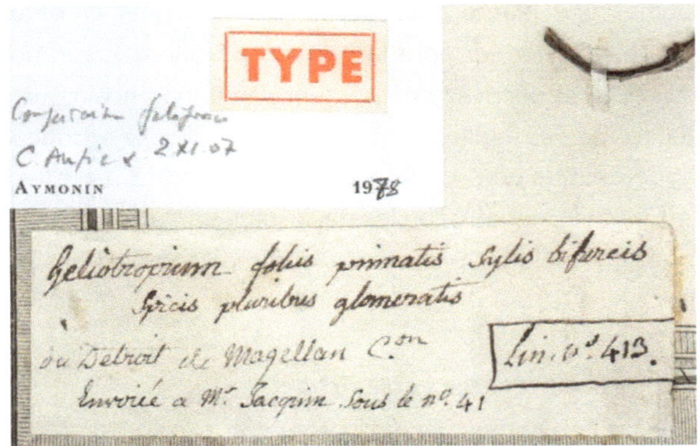

Étiquette manuscrite originale de Commerson sur une planche d'herbier (détail).

Une collection numérique

Pour protéger ces plantes fragiles, le Muséum a photographié tous les spécimens en haute résolution. Maintenant, tu peux voir l'herbier de Commerson sur internet ! Des dixaines de volontaires aident à déchiffrer les étiquettes anciennes pour créer une base de données mondiale.

L'herbier de Commerson n'est pas juste un vieux livre poussiéreux - c'est une machine à remonter le temps vers la nature du 18e siècle. Qui aurait pensé que des plantes séchées il y a 250 ans pourraient nous aider à comprendre les changements climatiques d'aujourd'hui ?

Audiobook

Activité écrite : Inventer une plante (fiche herbier)

Consigne :

Imaginez une plante qui n'existe pas encore et créez une fiche de type herbier pour la présenter. Donnez-lui un nom, dessinez-la et décrivez précisément son apparence (couleur, taille, forme des feuilles ou des fleurs...). Indiquez ensuite ses propriétés : que peut-on faire avec cette plante ? A-t-elle des effets positifs, négatifs, ou les deux selon son utilisation ? Expliquez en quelques phrases ses différentes utilisations possibles.

Conseils pour réaliser votre fiche :

- Faites un dessin clair et précis de votre plante.
- Utilisez du vocabulaire simple et précis pour décrire la plante.
- Imaginez au moins deux utilisations différentes.

Aloysia citrodora
Verveine citronnelle

Pulcheria commersonia

L'Île Maurice - Un paradis dans l'océan Indien

Imaginez un joyau tropical niché dans l'océan Indien... C'est l'Île Maurice ! Cette île fascinante, à l'est de Madagascar, est une véritable mosaïque de cultures, de saveurs et d'histoire.

Au début, l'île était inhabitée. Les premiers à la découvrir furent les Arabes au Moyen Âge, mais ils n'y sont pas restés. Puis sont arrivés les Portugais au 16e siècle, suivis des Hollandais qui ont donné à l'île son nom actuel, en l'honneur de leur prince Maurice de Nassau. Les Français ont ensuite pris le relais au 18e siècle, développant l'agriculture et notamment la culture de la canne à sucre. En 1810, les Britanniques ont conquis l'île, qui est finalement devenue indépendante en 1968.

Le climat ? Un rêve ! Maurice profite d'un climat tropical avec deux saisons : l'été chaud et humide (novembre à avril) et l'hiver doux et sec (mai à octobre). Les températures oscillent entre 20°C et 30°C toute l'année. Parfait pour profiter des plages de sable blanc et des lagons turquoise !

Aujourd'hui, Maurice est une république moderne et dynamique. L'île compte environ 1,3 million d'habitants, un véritable melting-pot de cultures : des descendants d'Indiens, d'Africains, d'Européens et de Chinois y vivent en harmonie.

Cette diversité se reflète dans les langues parlées : le créole mauricien, le français et l'anglais sont utilisés au quotidien.

L'économie mauricienne est très diversifiée. Le tourisme est important, bien sûr, avec ses hôtels de luxe et ses plages paradisiaques. Mais l'île est aussi un centre financier régional et possède une industrie textile développée. La technologie numérique s'y développe rapidement, faisant de Maurice un "Cyber-île".

Les Mauriciens sont fiers de leur culture unique : une cuisine délicieuse qui mélange les influences indiennes, créoles et chinoises, une musique entraînante (le séga), des fêtes colorées comme Divali ou le Nouvel An chinois. La nature y est protégée, avec des parcs nationaux qui abritent des espèces rares comme le gecko de Maurice.

Maurice, c'est vraiment une île où tradition et modernité se rencontrent sous le soleil tropical. Un endroit magique où différentes cultures vivent ensemble pour créer un pays unique et accueillant !

Audiobook

Compréhension de texte – cochez la bonne réponse :

1. Quel peuple a donné son nom actuel à l'Île Maurice ?
a) Les Portugais
b) Les Hollandais
c) Les Français
d) Les Britanniques

2. Quelle est la principale caractéristique du climat de l'Île Maurice ?

a) Un climat désertique avec des températures extrêmes

b) Un climat tempéré avec quatre saisons distinctes

c) Un climat tropical avec deux saisons

d) Un climat polaire avec des hivers rigoureux

3. Quelle est l'une des principales activités économiques de l'Île Maurice ?

a) L'extraction de pétrole

b) L'élevage intensif

c) La production de charbon

d) Le tourisme

4. Quelle langue n'est pas mentionnée comme étant parlée à l'Île Maurice ?

a) Le créole mauricien

b) L'anglais

c) L'espagnol

d) Le français

5. Quelle spécialité musicale est typique de l'Île Maurice ?

a) Le tango

b) Le flamenco

c) Le séga

d) Le reggae

Le discours indirect

Ici vous pouvez répéter la théorie ➡ 

Exercice 1 : Transformez les phrases suivantes au discours indirect au passé.
Exemple :
Jeanne dit : "Si seulement nous avions des fruits..."
Jeanne disait que si seulement ils avaient des fruits...

1. Jeanne explique : « Les gencives enflées, les articulations douloureuses... ce sont les signes typiques du scorbut. »

   → Jeanne a expliqué que _______________________

2. Commerson murmure : « C'est incroyable ! »

   → Commerson a murmuré que _______________________

3. Jeanne note : « Ces plantes sont endémiques. »

   → Jeanne a noté que _______________________

4. Commerson dit : « Les arbres sont immenses, et il y a des orchidées partout ! »

   → Commerson dit que _______________________

5. Pierre Poivre explique : « J'essaie de faire pousser des épices rares comme la muscade et le girofle. »

→ **Pierre Poivre a expliqué que** _______________________

2. Mettez ces phrases au discours indirect en changeant les temps verbaux.

1. Jeanne dit : « Je me sens impuissante, mais je refuse de baisser les bras. »

→ **Jeanne disait que** _______________________

2. Commerson annonce : « Nous allons explorer les îles voisines. »

→ **Commerson a annoncé que** _______________________

3. Jeanne pense : « Nous avons trouvé une fougère arborescente incroyable. »

→ **Jeanne a pensé que** _______________________

4. Commerson promet : « Nous reviendrons en France avec notre collection. »

→ **Commerson a promis que** _______________________

5. Jeanne déclare : « Je ferai tout pour préserver ces spécimens. »

→ **Jeanne a déclaré que** _______________________

3. Complétez les phrases au discours indirect en utilisant la bonne conjonction (si, que, où, pourquoi, comment, etc.).

1. Jeanne a expliqué __________ elle continuait à travailler malgré les difficultés.

2. Commerson a demandé __________ Jeanne avait terminé ses observations.

3. Pierre Poivre a montré à Jeanne __________ il cultivait des plantes rares.

4. Jeanne s'est demandé __________ elle pourrait un jour retourner en France.

5. Commerson a raconté __________ l'île était un véritable paradis pour les botanistes.

4. Transformez ces questions directes en discours indirect.

Exemple :

Jeanne demande : "Où poussent ces plantes ?"

Jeanne demanda où ces plantes poussaient.

1. Commerson demande : « Pourquoi cette fougère est-elle si différente ? »

   → **Commerson a demandé** ____________________

2. Jeanne questionne : « Comment ces sporanges se développent-ils ? »

   → **Jeanne a demandé** ____________________

3. Un marin demande : « Quand arriverons-nous en Nou-
    velle-Guinée ? »

    → Un marin a demandé ____________________________

4. Pierre Poivre interroge : « Est-ce que vous aimez mon
    jardin botanique ? »

    → Pierre Poivre a voulu savoir __________________

5. Jeanne s'interroge : « Pourrai-je un jour rentrer en
    France ? »

    → Jeanne s'est interrogée ______________________

*Hydrophyllum
magellanicum*

Chapitre 7 : Le retour en France

Le grand départ

Port-Louis, 1775. Jeanne Barret ferme pour la dernière fois la porte de sa taverne. Avec son mari, Jean Dubernat, elle se prépare à retourner en France. Cette fois, elle ressent un mélange d'excitation et de nostalgie. Ce voyage est différent des autres qu'elle a faits dans sa vie.

"C'est étrange", dit-elle quand elle regarde une dernière fois le port. "Cette fois, je voyage en tant que moi-même, pas en tant que Jean Baré." Elle se souvient de l'époque où elle devait se déguiser en homme pour pouvoir explorer et étudier les plantes.

Dans ses bagages, elle emporte des carnets remplis de notes et de dessins de plantes. Ces carnets lui rappellent ses découvertes, ses réussites, et ses moments difficiles.

"Ces dessins racontent mon histoire", dit-elle à Dubernat. "Chaque plante est liée à un souvenir et à une découverte."

Cette fois, la traversée est différente. Elle peut maintenant profiter de la vue sur la mer et les oiseaux depuis le pont sans avoir à se cacher. Jeanne apprécie chaque instant, du vent salé dans ses cheveux aux cris des oiseaux marins.

"Regarde ces algues", dit-elle à un jeune marin curieux qui l'écoute attentivement. "Leurs couleurs changent selon la profondeur de l'eau. C'est leur façon de s'adapter à la lumière du soleil." Le garçon la regarde, émerveillé par ce qu'elle lui apprend.

Jeanne adore partager ses connaissances. Elle explique comment certaines plantes survivent dans l'eau salée, comment d'autres voyagent avec les courants marins. Ses histoires fascinent les marins, qui la surnomment "la Dame aux Plantes". Elle leur raconte aussi ses voyages passés, les animaux étranges qu'elle a vus, et les terres lointaines qu'elle a explorées. Les marins l'écoutent avec beaucoup d'intérêt, certains disant qu'ils n'avaient jamais imaginé que les plantes pouvaient être aussi étonnantes.

L'arrivée en Périgord

Quand Jeanne et Jean arrivent en France, ils s'installent dans le Périgord. Tout y est très différent de sa vie d'aventurière. Elle redécouvre la beauté simple de la nature française.

Les forêts de la région remplacent les jungles tropicales, mais Jeanne continue d'observer la nature avec curiosité.

"Ces champignons", dit-elle à ses voisins, "poussent seulement après la pluie. Et ces mousses montrent où se trouve le nord, comme une boussole[91] naturelle." Ses voisins la regardent avec curiosité et commencent à la consulter régulièrement pour ses connaissances sur la nature.

Elle passe des heures dans son jardin, agenouillée[92] dans la terre, et observe les petites transformations et note chaque détail. Sa passion est contagieuse, et bientôt, des enfants du village viennent l'aider, fascinés par ses histoires. Jeanne leur montre comment reconnaître les différentes plantes et comprendre la nature.

Une reconnaissance inattendue

En 1776, une lettre arrive : le testament de Philibert Commerson lui lègue une grosse somme d'argent. Jeanne est très émue par ce geste.

"Il n'a jamais cessé de croire en moi", murmure-t-elle quand elle lit la lettre, les larmes aux yeux. Elle pense aux heures passées à travailler ensemble, à leurs rêves et aux moments partagés.

Avec cet argent, elle peut vivre confortablement et continuer ses études botaniques. Elle organise ses collections et rédige des notes détaillées sur ses découvertes. Elle commence aussi à penser à la meilleure façon de transmettre son savoir.

Des visiteurs, des curieux et des botanistes, viennent la voir pour entendre ses histoires et consulter ses collections.

---

[91] Une boussole : Un instrument qui indique le nord, utilisé pour s'orienter.

[92] Agenouillé, agenouillée : Posé sur les genoux, souvent pour travailler près du sol ou prier.

Chaque visite est pour elle une nouvelle occasion de partager sa passion.

L'honneur royal

En 1785, une autre nouvelle surprenante arrive. Le roi Louis XVI lui accorde une pension[93] de 200 livres par an. C'est une reconnaissance[94] officielle qui la touche beaucoup.

"Une femme extraordinaire", a écrit le roi dans son décret[95]. Pour la première fois, son travail scientifique est reconnu publiquement.

"C'est plus qu'une pension", explique-t-elle à Dubernat en lui montrant la lettre royale. "C'est la reconnaissance que les femmes peuvent aussi contribuer[96] à la science. Cela montre que notre travail a une valeur."

Elle sait que cette pension est un symbole : un pas en avant pour toutes les femmes qui ont des talents et des passions, mais qui sont souvent ignorées à cause des préjugés[97].

Dans leurs dernières années, Jeanne et Jean vivent paisiblement. Jeanne passe ses journées à partager ses connaissances avec ceux qui viennent la voir. Chaque jour est une occasion d'apprendre et de transmettre ce qu'elle sait.

"Le plus important", dit-elle souvent aux enfants du village, "c'est de transmettre ce que nous avons appris. Chaque plante raconte une histoire sur le monde et sa diversité. Nous devons protéger et partager ces histoires."

---

[93] Une pension : Une somme d'argent versée régulièrement par une organisation ou une personne, souvent en reconnaissance d'un service ou pour aider à vivre.

[94] La reconnaissance : L'action de reconnaître la valeur ou les mérites de quelqu'un.

[95] Un décret : Une décision officielle prise par un gouvernement ou un roi.

[96] Contribuer à qc : apporter son aide ou participer à quelque chose.

[97] Un préjugé : Une opinion formée sans connaissances suffisantes, souvent injuste.

Un jour, en rangeant ses vieux herbiers, elle trouve une fleur séchée de Bougainville. Elle sourit et se souvient de Rio de Janeiro, des couleurs et des paysages.
"Cette fleur me rappelle Rio", dit-elle doucement. "Qui aurait cru qu'une simple fille de Bourgogne irait si loin ? Que j'aurais vu tant de merveilles ?"

Les dernières années

Le 5 août 1807, Jeanne meurt à Saint-Aulaye. Mais son héritage continue de vivre, à travers les personnes qu'elle a inspirées.

Son herbier, conservé au Muséum national d'Histoire naturelle, témoigne encore aujourd'hui de son incroyable voyage. Son histoire est un exemple de détermination et de curiosité, de la capacité à surmonter les limites de la société, et de la force d'une passion qui ne connaît pas de frontières.

Audiobook

Kahoot

Le Muséum national d'Histoire naturelle à Paris

Louis XVI : Un roi dans la tourmente

Louis XVI devient roi de France en 1774, à seulement 19 ans. Imaginez : jeune, timide, et soudain responsable d'un immense royaume !

Son histoire commence plutôt bien. Il épouse Marie-Antoinette d'Autriche, une princesse autrichienne. Ensemble, ils vivent dans le magnifique château de Versailles. Ils aiment les fêtes, les bals, et la vie luxueuse. La reine adore les robes somptueuses et les bijoux étincelants Mais voilà, la France a de gros problèmes :

- Le pays est très endetté à cause des guerres
- Le peuple a faim et paie trop d'impôts
- Les nobles ne veulent pas partager leurs privilèges
- Les récoltes sont mauvaises et le prix du pain monte

Louis XVI essaie de faire des réformes, mais c'est compliqué. Il n'est pas très décidé et change souvent d'avis. Pendant ce temps, le peuple est de plus en plus en colère.

1789 : C'est la Révolution française ! Les Parisiens prennent la Bastille le 14 juillet. Le roi perd petit à petit son pouvoir. Il tente même de s'enfuir en 1791, mais il est arrêté à Varennes. Quelle humiliation !

La situation devient dramatique. En 1792, le peuple attaque le palais des Tuileries où vit la famille royale. La monarchie est abolie. Louis XVI n'est plus roi, il devient simplement "Louis Capet". Il est emprisonné avec sa famille dans la prison du Temple à Paris.

Le roi est jugé pour trahison. On l'accuse d'avoir comploté contre la Révolution. Le 21 janvier 1793, il est guillotiné sur la place de la Révolution (aujourd'hui place de la Concorde) à Paris.

Louis XVI reste dans l'Histoire comme le dernier roi de l'Ancien Régime. Son règne marque la fin d'une époque : celle de la monarchie absolue en France. Son destin tragique nous rappelle que même les rois ne sont pas à l'abri des changements de l'Histoire !

Petit détail amusant : Louis XVI adorait la serrurerie ! Il passait des heures à bricoler des serrures et des mécanismes. Un passe-temps plutôt surprenant pour un roi, non?

Audiobook

Compréhension de texte – vrai ou faux ?

	V	F	
1.	O	O	Louis XVI devient roi de France à l'âge de 25 ans.
2.	O	O	Marie-Antoinette était une princesse espagnole avant d'épouser Louis XVI.
3.	O	O	La France était en difficulté financière à cause des guerres.
4.	O	O	Le peuple français était satisfait des impôts qu'il devait payer.
5.	O	O	Les Parisiens ont pris la Bastille le 14 juillet 1789.

6.	O	O	Louis XVI a fui avec succès en Autriche en 1791.
7.	O	O	En 1792, le palais des Tuileries a été attaqué par le peuple.
8.	O	O	La monarchie a été abolie en 1792.
9.	O	O	Louis XVI a été emprisonné à la Bastille après son arrestation.
10.	O	O	Louis XVI a été guillotiné en 1793 sur la place de la Concorde.
11.	O	O	Louis XVI est considéré comme le dernier roi de l'Ancien Régime.
12.	O	O	Louis XVI était passionné par la musique et jouait du violon.

La place de la Révolution, actuelle place de la Concorde, a accueilli la guillotine, entre le 21 janvier 1793 et le 28 juillet 1794.

Les phrases hypothétiques

Ici vous pouvez répéter la théorie  

Exercice 1 : Complétez avec le bon temps verbal

Mettez les verbes entre parenthèses au temps correct pour former des phrases hypothétiques.

1. Si Jeanne ___________ (ne pas se déguiser) en homme, elle ___________ (ne pas pouvoir) partir en expédition.

2. Si les marins ___________ (écouter) attentivement Jeanne, ils ___________ (apprendre) beaucoup de choses sur les plantes.

3. Si le roi Louis XVI ___________ (ne pas reconnaître) son travail, elle ___________ (ne pas recevoir) de pension.

4. Si Jeanne et Jean ___________ (rester) à Port-Louis, ils ___________ (ne jamais revenir) en France.

5. Si Jeanne ___________ (avoir) plus de reconnaissance à son époque, elle ___________ (être) encore plus célèbre aujourd'hui.

Exercice 2 : Transformez les phrases en phrases hypothétiques

Réécrivez les phrases en ajoutant une proposition conditionnelle introduite par "si".

1. Jeanne a appris la botanique grâce à ses voyages.

   → Si Jeanne _______________________, elle n'aurait pas appris la botanique.

2. Elle a dû se déguiser pour partir en expédition.

   → Si elle_______________________, elle n'aurait pas dû se déguiser.

3. Elle a reçu une pension royale car son travail a été reconnu.

   → Si son travail _______________________, elle n'aurait pas reçu de pension.

4. Jeanne partageait ses connaissances, ce qui fascinait les marins.

   → Si Jeanne n' _______________________, les marins auraient été indifférents.

5. Jeanne Barret est entrée dans l'histoire parce qu'elle était la première femme à faire le tour du monde.

   → Si Jeanne Barret n'_______________________, elle ne serait pas entrée dans l'histoire.

Exercice 3 : Reliez les deux parties pour former des phrases hypothétiques correctes

Associez chaque début de phrase (colonne A) avec la fin correcte (colonne B).

Colonne A	Colonne B
1. Si Jeanne avait été un homme,	a. elle aurait pu enseigner à l'université.
2. Si elle n'avait pas rencontré Commerson,	b. elle aurait pu voyager librement.
3. Si elle n'avait pas pris de notes,	c. elle n'aurait pas été acceptée sur le bateau.
4. Si elle vivait aujourd'hui,	d. elle n'aurait pas pu publier ses découvertes.

Exercice 4 : Rédaction - Imaginez une autre vie pour Jeanne

Rédigez huit phrases hypothétiques sur ce qui aurait pu arriver à Jeanne si sa vie avait été différente.

(Exemple : Si Jeanne était née deux siècles plus tard, elle aurait pu enseigner à l'université.)

Activité orale : Débat - Jeanne Barret et la place des femmes dans les sciences

Consigne :
En petits groupes, discutez des questions suivantes :
- Pourquoi est-il important de reconnaître la contribution scientifique de femmes comme Jeanne Barret ?
- Pensez-vous que l'histoire de Jeanne Barret aurait été différente si elle avait été un homme ? Pourquoi ?

Préparez ensemble quelques arguments et exemples. Ensuite, chaque groupe présentera rapidement ses réflexions à la classe.

Modalités :
- Travail en groupes (3-4 élèves) : 10 à 15 minutes de préparation.
- Présentation orale devant la classe : 2 à 3 minutes par groupe.

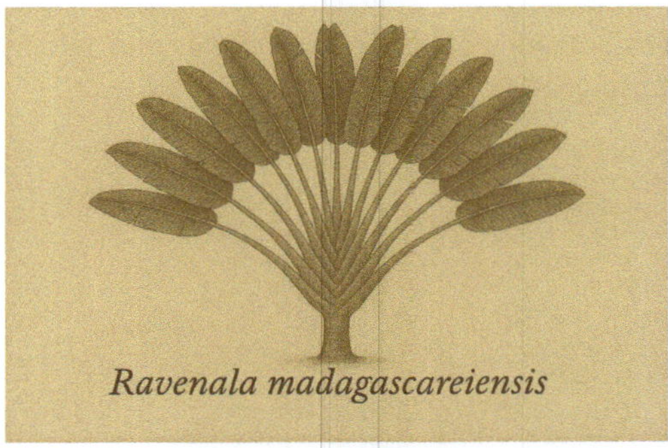

Épilogue : L'héritage de Jeanne Barret

Une pionnière redécouverte

Pendant longtemps, l'histoire de Jeanne Barret a été oubliée. Mais aujourd'hui, son nom brille de nouveau, comme une étoile qui guide les futures générations de scientifiques. Jeanne n'a pas seulement fait des découvertes botaniques, elle a aussi joué un rôle très important pour montrer que les femmes peuvent faire de grandes choses dans la science. "La science n'a pas de genre", écrivait-elle dans ses notes. Cela veut dire que la science n'appartient pas seulement aux hommes ou aux femmes, mais à tout le monde. Cette phrase est très importante aujourd'hui, alors que beaucoup de jeunes filles s'intéressent de plus en plus aux sciences. Jeanne a osé suivre son chemin dans un monde où les hommes avaient souvent tous les privilèges[98], et son courage inspire encore beaucoup de jeunes à poursuivre leurs rêves.

Un héritage vivant

Aujourd'hui, les plantes que Jeanne a découvertes sont toujours étudiées dans les laboratoires modernes. Elle a aidé à découvrir le bougainvillier, un bel arbuste[99] qui pousse dans les jardins du monde entier et que beaucoup de gens admirent pour ses couleurs vives.

"Chaque plante a une histoire", explique la Dr. Maria Santos, une botaniste qui travaille au Muséum national d'Histoire naturelle. "Quand nous regardons les herbiers de Jeanne, nous voyons non seulement des plantes séchées, mais aussi l'histoire d'un voyage incroyable." Ces herbiers montrent à quel point Jeanne était persévérante[100], car elle a réussi à collecter

---

[98] Un privilège : Un avantage spécial ou exclusif réservé à certaines personnes.

[99] Un arbuste : Un petit arbre ou une plante ligneuse qui ne dépasse pas quelques mètres de hauteur.

[100] Persévérant, -e : Qui continue à faire des efforts malgré les difficultés ou les obstacles.

toutes ces plantes, alors qu'elle devait affronter des tempêtes en mer et des difficultés sociales.

Son travail ne se limite pas aux musées. Dans les jardins botaniques, des étudiants et des chercheurs continuent d'étudier les plantes qu'elle a documentées. Ses recherches ont aussi été très importantes pour l'écologie et la protection des plantes. Beaucoup de projets de conservation s'inspirent de son travail et nous rappellent que chaque plante a un rôle essentiel à jouer dans notre écosystème.

En 2012, les botanistes ont nommé une nouvelle espèce de plante "*Solanum baretiae*", en l'honneur de Jeanne. Cette plante a été trouvée en Amérique du Sud, dans les régions que Jeanne avait explorées.

"C'est une plante robuste et adaptable", dit le Dr. Eric Tepe, qui l'a décrite. "Comme Jeanne, elle est capable de survivre dans des conditions difficiles." Cette plante est un bel hommage [101] à Jeanne, car elle symbolise sa force et sa résilience [102].

Un nouveau chapitre

En février 2024, une plaque commémorative [103] a été dévoilée près du Muséum national d'Histoire naturelle. L'inscription rappelle ses deux exploits [104] : être la première femme à faire le tour du monde et être une pionnière [105] de la botanique.

Il y a aussi une statue à l'Assemblée nationale qui montre Jeanne sous deux identités : d'un côté, Jean Baré en tenue de marin, et de l'autre, Jeanne Barret en scientifique passionnée.

---

[101] Un hommage : Un acte ou un discours pour honorer ou montrer du respect à quelqu'un.

[102] La résilience : capacité à surmonter les difficultés de la vie et à s'adapter à un choc.

[103] Une plaque commémorative : Une inscription ou un objet qui rappelle un événement ou une personne importante.

[104] Un exploit : Un acte remarquable ou extraordinaire accompli grâce à des efforts ou du courage.

[105] Un pionnier(ère) : une personne qui est la première à faire quelque chose et qui ouvre la voie pour les autres.

Cela montre la lutte qu'elle a menée pour être acceptée à une époque où les femmes n'étaient pas considérées comme égales aux hommes.

Des événements ont aussi été organisés pour commémorer son travail. Des expositions sur ses voyages et ses recherches ont été présentées, et les visiteurs ont pu voir des cartes qui montrent ses explorations, ainsi que des reproductions de ses carnets de notes.

L'hommage des Jeux Olympiques

En juillet 2024, pendant l'ouverture des Jeux Olympiques de Paris, dix grandes statues en or sont sorties de la Seine. Ces dix statues représentaient dix femmes françaises exceptionnelles qui ont changé l'histoire. Une de ces statues montrait Jeanne Barret.

La statue nous fait voir Jeanne avec ses outils de botaniste : elle tient une faucille[106] pour couper les plantes, un carnet pour tout annoter et un sac à dos bien rempli. Elle regarde au loin, comme si elle cherchait encore aujourd'hui de nouvelles plantes à découvrir. Cet hommage montre à quel point Jeanne était une femme très courageuse. Elle fait partie des explorateurs et scientifiques qui ont aidé à faire avancer la science.

Un message pour l'avenir

Jeanne Barret nous a laissé bien plus que des herbiers et des découvertes botaniques. Elle nous a montré que la passion et la détermination peuvent nous aider à surmonter tous les obstacles.

Son histoire nous rappelle que la science est une aventure humaine, remplie de courage, de curiosité, et de persévérance[107]. Elle nous encourage à toujours chercher des

---

[106] Une faucille : Un outil avec une lame courbée utilisé pour couper les plantes.

[107] La persévérance : La qualité de continuer à faire des efforts malgré les difficultés ou les obstacles.

réponses, à ne pas avoir peur de l'inconnu, et à ne jamais abandonner.

Aujourd'hui, quand une jeune fille regarde une plante à la loupe ou quand un étudiant découvre la botanique, l'esprit de Jeanne est là. Elle nous rappelle que la science appartient à tout le monde, et que chacun de nous peut réaliser ses rêves s'il ose essayer.

Une inspiration pour aujourd'hui

L'histoire de Jeanne continue d'être une source d'inspiration. "Elle me fait penser que rien n'est impossible", dit Emma, 15 ans, qui rêve de devenir biologiste. "Si elle a pu faire tout cela à son époque, imaginez ce que nous pouvons faire aujourd'hui !"

Certains élèves participent à des ateliers[108] où ils apprennent à faire leurs propres herbiers, comme Jeanne le faisait, et à étudier les plantes autour d'eux. Ces activités les aident à aimer la science et la nature, et à comprendre pourquoi il est important de protéger notre environnement.

Note aux jeunes lecteurs

L'histoire de Jeanne Barret nous montre que la passion et la détermination peuvent nous emmener très loin. Elle a bravé[109] les règles de son époque pour suivre son rêve : étudier les plantes et explorer le monde.

Aujourd'hui, quand vous voyez un bougainvillier en fleurs ou quand vous étudiez la botanique, pensez à Jeanne. Elle nous rappelle que la science est une aventure ouverte à tous, peu importe qui nous sommes.

Qu'allez-vous découvrir ? N'oubliez jamais que la curiosité est votre meilleur atout[110] et que chaque question que vous posez pourrait devenir le début d'une grande aventure.

---

[108] Un atelier : Une activité éducative ou créative où l'on apprend quelque chose de pratique.

[109] Braver : Affronter ou défier une difficulté ou une règle avec courage.

[110] Un atout : un avantage qui aide à réussir.

Comme Jeanne, suivez vos rêves et ne craignez jamais d'explorer et de découvrir de nouvelles choses.

Audiobook

Kahoot

Jeu de syntaxe

Jeanne Barret

Des femmes hors du commun

Le 26 juillet 2024, Paris a accueilli le monde entier pour une cérémonie d'ouverture des Jeux Olympiques inoubliable. Pour la première fois, le défilé des athlètes s'est déroulé sur la Seine, ce qui a transformé le cœur de la ville en une scène spectaculaire.

Parmi les moments forts, dix statues dorées qui représentaient des héroïnes françaises ont émergé de la Seine pour rendre hommage à des femmes qui ont marqué l'histoire de la France. Ces figures inspirantes étaient :

- **Christine de Pizan** (1364-1430) : Philosophe et poétesse, elle est l'une des premières femmes de lettres, connue pour son œuvre "La Cité des Dames".
- **Jeanne Barret** (1740-1807) : Exploratrice et botaniste, elle fut la première femme à accomplir un tour du monde et a contribué à la découverte de nombreuses plantes.
- **Olympe de Gouges** (1748-1793) : Femme de lettres et militante politique, elle a rédigé la "Déclaration des droits de la femme et de la citoyenne".
- **Louise Michel** (1830-1905) : Institutrice, écrivaine et militante anarchiste, elle est une figure emblématique de la Commune de Paris.
- **Alice Guy** (1873-1968) : Réalisatrice et productrice, elle est considérée comme la première femme cinéaste de l'histoire.
- **Alice Milliat** (1884-1957) : Sportive et dirigeante, elle a œuvré pour la reconnaissance du sport féminin au niveau international.

- **Paulette Nardal** (1896-1985) : Écrivaine et journaliste martiniquaise, elle a joué un rôle central dans le mouvement de la Négritude.
- **Simone de Beauvoir** (1908-1986) : Philosophe et écrivaine, son ouvrage "Le Deuxième Sexe" est une référence majeure du féminisme.
- **Simone Veil** (1927-2017) : Femme politique et survivante de l'Holocauste, elle a été une fervente défenseure des droits des femmes, notamment pour la légalisation de l'avortement en France.
- **Gisèle Halimi** (1927-2020) : Avocate et militante féministe, elle a consacré sa vie à la défense des droits des femmes et à la lutte contre les injustices.

Ces statues qui brillaient sous les lumières de Paris, visaient à inspirer les jeunes filles et les femmes du monde entier à poursuivre leurs rêves et à surmonter les obstacles.

La cérémonie a également été marquée par des performances musicales époustouflantes. Des artistes de renommée mondiale, tels que Lady Gaga, Aya Nakamura et Céline Dion, ont enflammé la scène avec leurs talents exceptionnels.

Cette soirée magique a célébré l'histoire, la culture et les valeurs de la France, tout en mettant en avant le courage et la détermination des femmes qui ont façonné la nation. Une véritable source d'inspiration pour tous !

Audiobook

Découvrez les dix femmes extraordinaires dans cette la vidéo :

Activité orale : Interview imaginaire avec Jeanne Barret

Consigne :
Imaginez et réalisez une interview se déroulant aujourd'hui, dans laquelle Jeanne Barret, revenue exceptionnellement à notre époque, répond aux questions d'un(e) journaliste. Préparez vos questions et les réponses en petits groupes de deux (un journaliste et Jeanne Barret). Enregistrez-vous ensuite en audio (interview radio) ou en vidéo (interview télévisée).
Dans votre interview, abordez l'un ou plusieurs des thèmes suivants :

- Ce que Jeanne pense de la place actuelle des femmes dans le domaine scientifique.
- Ce qui l'étonnerait ou la fascinerait dans le monde moderne.
- Les conseils qu'elle donnerait aux jeunes scientifiques aujourd'hui.

Votre enregistrement ou vidéo doit durer environ 5 minutes.

Conseils pour la préparation :
- Imaginez comment Jeanne réagirait face aux différences entre son époque et aujourd'hui.
- Rédigez d'abord votre dialogue à l'écrit avant de vous enregistrer.
- Exprimez-vous clairement, lentement, et essayez de transmettre des émotions dans vos réponses.

Vocabulaire

Français	Allemand	Anglais
Agenouillé, -e	Auf den Knien	Kneeling
Altitude, une	Höhe, eine	Altitude, an
Arbuste, un	Strauch, ein	Shrub, a
Atelier, un	Werkstatt, eine	Workshop, a
Bocal, un	Glas, ein	Jar, a
Botaniste, un	Botaniker, ein	Botanist, a
Bourgeon, un	Knospe, eine	Bud, a
Bractée, une	Deckblatt, ein	Bract, a
Braver	Trotzen	Defy
Boussole, une	Kompass, ein	Compass, a
Champignon, un	Pilz, ein	Mushroom, a
Classer	Sortieren	To sort
Confinée, une	Eingeschlossene, eine	Confined, one
Cordage, un	Tauwerk, ein	Rope, a
Coussinet, un	Polster, ein	Cushion, a
Décret, un	Dekret, ein	Decree, a
Dentelée, une	Gezahnt, eine	Toothed, one
Déguisement, un	Verkleidung, eine	Disguise, a
Démasquer	Entlarven	Unmask
Détroit, un	Meerenge, eine	Strait, a
Diversité, la	Vielfalt, die	Diversity, the
Équipage, un	Besatzung, eine	Crew, a
Escale, une	Zwischenstopp, ein	Stopover, a

Étamine, une	Staubblatt, ein	Stamen, a
Étagère, une	Regal, ein	Shelf, a
Eunuque, un	Eunuch, ein	Eunuch, an
Exploit, un	Errungenschaft, eine	Achievement, an
Faux pas, un	Ausrutscher, ein	Misstep, a
Filet, un	Netz, ein	Net, a
Flore, la	Flora, die	Flora, the
Fougere arbo-rescente, une	Baumfarn, ein	Tree fern, a
Fronde, une	Wedel, ein	Frond, a
Germer	Keimen	To germinate
Gencive, une	Zahnfleisch, ein	Gum, a
Goéland, un	Möwe, eine	Seagull, a
Gouvernante, une	Haushälterin, eine	Housekeeper, a
Guaranís, les	Guaranís, die	Guaranís, the
Hamac, un	Hängematte, eine	Hammock, a
Héritage, un	Erbe, ein	Heritage, a
Herboriste, un	Kräuterkundler, ein	Herbalist, an
Hommage, un	Ehrung, eine	Tribute, a
Indes, les	Indien, das	India, the
Instable	Instabil	Unstable
Interstice, un	Spalt, ein	Gap, a
Lagun, un	Lagune, eine	Lagoon, a
Laboratoire de for-tune, un	Provisorisches La-bor, ein	Makeshift labora-tory, a
Longue-vue, une	Fernrohr, ein	Telescope, a

Loupe, une	Lupe, eine	Magnifying glass, a
Luxuriante, une	Üppig, eine	Lush, one
Méfiante, une	Misstrauisch, eine	Wary, one
Mentor, un	Mentor, ein	Mentor, a
Mousse, une	Moos, ein	Moss, a
Mordante, une	Beissend, eine	Biting, one
Naturaliste, un	Naturforscher, ein	Naturalist, a
Nervure, une	Ader, eine	Vein, a
Nourrice, une	Amme, eine	Nursemaid, a
Orpheline, une	Waise, eine	Orphan, an
Panier d'osier, un	Weidenkorb, ein	Wicker basket, a
Pampa, la	Pampa, die	Pampa, the
Passiflore, une	Passionsblume, eine	Passionflower, a
Pension, une	Rente, eine	Pension, a
Pétale, un	Blütenblatt, ein	Petal, a
Persévérance, la	Ausdauer, die	Perseverance, the
Persévérante, une	Beharrlich, eine	Persistent, one
Pont, un	Brücke, eine	Bridge, a
Privilège, un	Privileg, ein	Privilege, a
Préjugé, un	Vorurteil, ein	Prejudice, a
Récif corallien, un	Korallenriff, ein	Coral reef, a
Remède, un	Heilmittel, ein	Remedy, a
Reconnaissance, la	Anerkennung, die	Recognition, the
Rumeur, une	Gerücht, ein	Rumor, a
Rudimentaire	Rudimentär	Rudimentary
Salinité, la	Salzgehalt, der	Salinity, the

Scorbut, le	Skorbut, der	Scurvy, the
Spécimen, un	Exemplar, ein	Specimen, a
Sporange, un	Sporangium, ein	Sporangium, a
Taverne, une	Taverne, eine	Tavern, a
Tempête, une	Sturm, ein	Storm, a
Toile cirée, une	Wachstuch, ein	Oilcloth, an
Valet, un	Diener, ein	Valet, a
Villageoise, une	Dorfbewohnerin, eine	Villager, a

*Quizlet
Allemand*

*Quizlet
Anglais*

*Le jeu de la cascade
Allemand*

*Le jeu de la cascade
Anglais*

*Podcast
Jeanne Barret*

*Les corrigés des
exercices de grammaire*